DER ZAUBERTROMMLER

J&V

Gianni Rodari

Der Zaubertrommler

15 Geschichten mit 45 Schlüssen

Jugend und Volk Wien München

Autorisierte Übersetzung aus dem Italienischen: Gundl Herrnstadt-Steinmetz
Titel der italienischen Originalausgabe: Tante storie per giocare.

ISBN 3-7141-1356-8 Jugend und Volk Wien
ISBN 3-8113-1356-8 Jugend und Volk München

Umschlag und Illustration: Gianni Pegoraro

 4075-76/1/70

Druck: Druck- und Verlagsanstalt Gutenberg, Wiener Neustadt

INHALTSVERZEICHNIS

Gebrauchsanweisung

Eine Gebrauchsanweisung für ein Buch? Das ist sicher ungewöhnlich. Aber bei den Geschichten dieses Buches hat sie doch ihren Sinn.

Diese Geschichten hat ein berühmter italienischer Schriftsteller geschrieben. Wenn er das liest, wird er freilich sagen:

„Berühmt? Famoso? Aber ich bitte Sie! Was für ein Wort!"

Herr Rodari ist bescheiden. Aber er ist tatsächlich berühmt, er hat viele Romane und Geschichten geschrieben, die in viele Sprachen der Welt übersetzt worden sind. Herr Rodari ist ein Mann, der Phantasie hat und dem viel einfällt.

Zu diesen Geschichten hier ist ihm so viel eingefallen, daß er nicht nur einen, sondern jeweils drei Schlüsse zu jeder Geschichte geschrieben hat.

Man liest natürlich immer alle drei Schlüsse, weil man ja, wenn man den ersten Schluß gelesen hat, neugierig ist, wie die Geschichte noch hätte ausgehen können. Und man kann sich dann seinen Lieblingsschluß aussuchen.

Auch Herr Rodari hat bei jeder Geschichte seinen Lieblingsschluß.

Am Ende des Buches, auf Seite 125, teilt er den Lesern dann mit, warum ihm dieser eine Schluß lieber ist als die beiden anderen.

Der Zaubertrommler

Es war einmal ein kleiner Tambour, der vom Krieg heimkehrte. Er war arm und besaß nichts anderes als seine Trommel. Trotzdem war er sehr zufrieden, denn er konnte nach so vielen Jahren endlich nach Hause gehen. Schon von weitem hörte man sein Trommeln: Tam-tata-ram . . . Tam-tata-ram . . .

Lange zog er so dahin, als er plötzlich einer alten Frau begegnete: „Mein kleiner Soldat, schenkst du mir ein klein wenig von deinem Sold?“

„Ich würde dir sogar viel geben, Mütterchen, sogar sehr viel, wenn ich's hätte. Aber das ist es eben, ich besitze keinen roten Heller mehr!“

„Bist du ganz sicher?“ fragte die Alte.

„Den ganzen Vormittag habe ich schon meine Taschen durchsucht und nichts gefunden, rein gar nichts!“

„Schau noch einmal nach, aber diesmal sehr gründlich!“ verlangte die Alte.

„Wo? In meinen Taschen? Gut, wenn es dir Freude macht, such ich noch einmal. Aber ich weiß bestimmt, daß . . . sapperlot, was ist denn das?“

„Ein Geldstück! Siehst du, daß dir noch was von deinem Sold geblieben ist?“ meinte die Alte.

„Ich schwör's dir, das habe ich nicht gewußt, das ist wunderbar. Da, nimm es! Ich geb's dir gerne.“

„Du mein lieber Tambour, zum Dank gebe ich dir auch etwas dafür.“

„Wirklich? Aber ich brauche nichts."

„Trotzdem, ich schenke dir eine kleine Zauberkraft. Hör gut zu: Jedesmal, wenn du die Trommel rührst, müssen alle rings um dich tanzen."

„Großartig! Ich danke dir, Mütterchen. Das wird einen Wirbel mit dem Trommelwirbel geben!"

„Warte, das ist noch nicht alles! Alle werden tanzen müssen — aber sie werden nicht aufhören können, bevor du nicht zu trommeln aufhörst."

„Wunderbar! Ich hab zwar keine Ahnung, wozu das gut ist, aber für irgend etwas wird es schon zu brauchen sein", meinte der Tambour.

„Du wirst es brauchen können, sehr sogar! Leb wohl, kleiner Tambour!"

„Leb wohl, Mütterchen."

Und der kleine Soldat setzte seinen Weg nach Hause fort. Er ging und ging ... In der Nähe des Waldes stürzten drei Räuber auf ihn zu.

„Geld oder Leben!"

„Aber bitte sehr, bedient euch nur, nehmt meine Börse, ich muß euch aber die traurige Mitteilung machen, daß sie leer ist!"

„Hände hoch oder du stirbst!"

„Ja, ja, meine Herren Räuber, ich gehorche schon!"

„Wo hast du dein Geld?"

„Ich? Geld? Also, wenn ich Geld hätte, würde ich es in den Haaren verstecken!"

Die Räuber suchten in seinen Haaren — nichts zu finden.

„Selbst in den Ohren würde ich es verstecken."

Sie suchten in den Ohren. Nichts, leer, dreimal leer.

„Ich sag euch, selbst auf der Nasenspitze könnte ich es tragen — wenn ich welches hätte."

Die Räuber sahen nach, suchten und stöberten überall. Klar, daß sie nicht einmal eine Nickelmünze fanden.

„So also sieht das aus? Du bist selber nur ein Bettler!" sagte der Räuberhauptmann. „Na warte! Wir nehmen dir deine Trommel weg und machen uns ein bißchen Musik."

„Nehmt sie nur", seufzte der kleine Soldat, „ich trenne mich aber sehr schwer von ihr, denn sie war viele Jahre lang mein ständiger Begleiter. Aber, wenn ihr sie nun unbedingt haben wollt."

„Ja, unbedingt wollen wir sie . . ."

„Darf ich noch einmal trommeln, bevor ihr sie mir wegnehmt? Dann kann ich euch gleich zeigen, wie man es macht. Einverstanden?"

„Also gut, rühr die Trommel."

„Ich rühr sie schon, ich rühr sie schon", sagte der Tambour, „aber ihr rührt euch auch. Tam-tata-ram, Tam-tata-ram . . . so, und jetzt tanzt!"

Das muß man gesehen haben! Wie die drei Galgenvögel tanzten — wie die Jahrmarktsbären. Sie lachten und scherzten und unterhielten sich eigentlich ausgezeichnet bei alldem.

„Stärker, Tambour! Und jetzt spiel einen Walzer!"

„Und jetzt eine Polka!"

„Vorwärts, los! Jetzt trommle eine Mazurka!"

Endlich begannen sie zu schnaufen, versuchten stehenzubleiben . . . vergeblich. Sie waren müde, schwindlig, die Luft ging ihnen aus, der Kopf drehte sich ihnen, aber die Zauberkraft der Trommel zwang sie weiterzutanzen, immer weiterzutanzen.

„Hilfe!"

„Tanzt!"

„Hab Mitleid!"

„Tanzt!"

„Barmherzigkeit!"

„Tanzt! Tanzt nur weiter!"

„Schluß! Aufhören!"

„Nur dann, wenn ich meine Trommel behalten darf."

„Behalt sie nur. Mit Hexerei wollen wir ohnedies nichts zu tun haben."

„Werdet ihr mich dann in Ruhe lassen?"

„Alles, was du willst, wenn du nur aufhörst zu trommeln!"

Aber der vorsichtige Trommler hörte erst auf, als die Räuber atemlos und völlig erschöpft umfielen.

„So, jetzt könnt ihr mich nicht mehr einholen!" Und fort war er. Zur Sicherheit gab er noch hie und da einen Trommelschlag, und gleich begannen die Hasen in ihrem Bau zu hüpfen, die Eichhörnchen auf den Zweigen zu tanzen, und die Eulen wachten mitten am Tag in ihren Nestern auf.

Weiter und immer weiter zog unser tapferer Tambour, denn er wollte so rasch wie möglich nach Hause.

SCHLUSS I

Während er so dahinschritt, begann er zu überlegen: Diese Zauberkraft könnte mir eigentlich ein Vermö-

gen einbringen. Im Grunde genommen war ich dumm, denn als die Räuber am Boden lagen, hätte ich mir ihre Geldbörse nehmen können. Vielleicht ... sollte ich vielleicht? ... Vielleicht sollte ich umkehren?

Und sofort kehrte er um und ging den gleichen Weg zurück. Da sah er in der Ferne eine Postkutsche auftauchen.

„Das dürfte etwas für mich sein."

Die Pferde trabten daher und klingelten mit ihren Schellen. Der Postillion saß auf dem Kutschbock und sang ein fröhliches Lied, und neben ihm hatte ein bewaffneter Gendarm Platz genommen.

„Sei mir gegrüßt, Tambour, willst du aufsteigen?"

„Nein, ich gehe lieber zu Fuß."

„Na, dann geh aus dem Weg, wir müssen vorbei."

„Einen Augenblick nur: Gönnt euch zuerst ein Tänzchen."

Tam-tata-ram ... Tam-tata-ram ... Der Trommler wirbelte seine Schlegel. Die Pferde hoben die Hufe, der Postillion sprang vom Kutschbock und schwang seine Beine, der Gendarm ließ sein Gewehr fallen und setzte zum Tanz an, und die Passagiere hüpften im Tanzschritt aus der Kutsche.

Nun muß man aber wissen, daß diese Postkutsche den Goldschatz einer großen Bank beförderte. Drei Kisten voll Gold, sicher an die drei Zentner. Mit der einen Hand setzte der Tambour den Trommelwirbel fort und mit der anderen zog er die Kisten aus der Kutsche und stieß sie mit den Füßen ins Gebüsch.

„Tanzt nur weiter, tanzt!"

„Jetzt ist es aber genug, wir können nicht mehr!"

„Na, dann fort mit euch, aber Tempo, Tempo, und dreht euch ja nicht um!"

Die Postkutsche fuhr ohne die kostbare Fracht davon.

Der Trommler war nun reich wie ein Millionär. Jetzt konnte er sich eine Villa bauen lassen, von den Zinsen seines Vermögens leben, die Frau eines Kommandanten heiraten ... und wenn er Geld brauchte, mußte er nicht zur Bank gehen, ihm genügte seine Trommel.

SCHLUSS II

Er ging und ging und sah plötzlich einen Jäger, der sein Gewehr auf eine Drossel anlegte. Tam-tata-ram ... Tam-tata-ram ... trommelte er.

Der Jäger ließ seinen Karabiner fallen, und die Drossel flog davon.

„Verfluchter Strolch! Das wirst du mir büßen!"

„Später, aber bis dahin üb ein bißchen für den Jägerball! Und laß dir ja nicht einfallen, jemals wieder auf Singvögel zu schießen!"

Er ging weiter und sah einen Bauern, der seinen Esel prügelte. Tam-tata-ram ... Tam-tata-ram ...

„Tanz!"

„Zu Hilfe!"

„Tanz! Ich hör erst zu trommeln auf, wenn du mir schwörst, daß du nie wieder deinen Esel schlagen wirst."

„Ich schwör es!"

Weiter ging's, und der kleine Tambour mit dem

großen Herzen griff immer dann zu den Trommelschlegeln, wenn er eine böse Tat verhindern wollte: Herrschsucht, Ungerechtigkeit, Gewalt . . . und davon gab es so viel, daß er keine Zeit mehr fand, den Weg nach Hause einzuschlagen. Trotzdem war er zufrieden und sagte sich: „Zu Hause werde ich immer dort sein, wo ich mit meiner Trommel helfen kann."

SCHLUSS III

Er ging weiter, und während er so dahinschritt, überlegte er: Eine merkwürdige Trommel und ein merkwürdiger Zauber. Ich möchte doch gerne wissen, wie dieses Wunder funktioniert.

Er untersuchte die Trommelschlegel und drehte sie nach allen Seiten. Sie sahen ganz normal aus, wie zwei gewöhnliche Holzschlegel. Aber vielleicht ist das Geheimnis innen, unter dem Trommelfell? Er nahm sein Messer und machte eine winzig kleine Öffnung und dachte bei sich: Ich werf' ja nur einen winzig kleinen Blick hinein!

Innen war nichts zu sehen, gar nichts.

Da nahm er seinen Weg wieder auf und schlug fröhlich mit den Schlegeln auf das Trommelfell. Aber jetzt tanzten weder die Hasen noch die Eichhörnchen, und die Eulen schliefen ruhig weiter. Tam-tata-ram . . . Tam-tata-ram . . . Die Trommel hatte den gleichen Ton, aber die Zauberkraft war dahin.

Ihr werdet es vielleicht nicht glauben, aber der Trommler war jetzt viel glücklicher. Jetzt war alles wieder wie früher.

Diese armen Gespenster

Auf dem Planeten Bort lebten viele Gespenster. Lebten? Sagen wir besser, sie schlugen sich schlecht und recht durch. Sie wohnten, wie es Geister seit jeher tun, in Grotten, in Burgruinen, in verlassenen Türmen und auf Dachböden. Punkt Mitternacht verließen sie ihre Verstecke und trieben ihren Spuk, um den Bortianern Angst einzujagen. Ohne jeden Erfolg. Die Bewohner von Bort waren fortschrittliche Menschen, und an Gespenster glaubten sie schon lange nicht mehr. Wenn sie einem von ihnen begegneten, spotteten sie so lange, bis das arme Gespenst vor lauter Scham die Flucht ergriff.

Ein Beispiel: Wenn ein Geist mit seinen Ketten rasselte und mit Müh und Not einen schrecklich traurigen Klang zustande brachte, fand sich gleich ein Bortianer, der ihn anschrie: „He du, Geist! Vielleicht schmierst du deine Ketten einmal!"

Oder wenn so ein Geist gespenstisch mit seinem Leichentuch fuchtelte, dann war sofort ein Bortianer, womöglich noch ein Knirps, zur Stelle, der ihm zurief: „Du, Dämon, da oben! Steck dein Leintuch endlich in die Waschmaschine, und wenn es weißer als weiß werden soll, nimm ein Bio-Waschmittel!"

Gegen Ende der Nacht trafen sich die Gespenster in ihren Unterkünften. Sie waren todmüde, und ihre Geduld pfiff aus dem letzten Loch. Sie konnten nur noch jammern und jaulen und heulen.

„Das wird doch immer unglaublicher! Wißt ihr, was mir eine Frau sagte, die auf ihrem Balkon stand und frische Luft schnappte? ‚Paß auf, daß du nicht zu spät kommst. Man hat mir gesagt, daß deine Uhr nachgeht. Habt ihr denn kein Uhrmachergespenst, das solche Reparaturen übernimmt?' "

„Und mir erst! Wißt ihr, was mir passiert ist? Für mich haben sie einen Zettel vorbereitet, den sie mit einem Reißnagel an eine Tür geheftet hatten, und darauf stand: ‚An das hochwohlgeborene Gespenst! Wenn Sie Ihren Rundgang beendet haben, schließen Sie gefälligst die Tür. Letzte Nacht ließen Sie die Tür offen, und dann war das Haus voll streunender Katzen, die unserer Mieze die Milch weggetrunken haben'."

„Es gibt keinen Respekt mehr vor Geistern!"

„Es gibt keinen Glauben mehr!"

„Da muß etwas geschehen!"

„Aber was? Was soll geschehen?"

Einer schlug einen Protestmarsch vor. Ein anderer meinte, man sollte alle Glocken gleichzeitig läuten lassen, auch wenn das keine andere Wirkung haben würde, als daß die Bortianer aus dem Schlaf aufschreckten.

Schließlich ergriff der älteste und weiseste Geist das Wort: „Meine Damen und Herren Gespenster!" begann er und flickte dabei weiter an einem Loch in seinem alten Leichentuch. „Teure Freunde! Da ist nichts mehr zu machen. Den Bortianern bringen wir nie wieder das Fürchten bei. Sie haben sich an unser Heulen gewöhnt, sie kennen unsere Tricks, und unsere feierlichen Aufmärsche werden auf sie auch keinen

Eindruck machen. Nein. Da ist nichts mehr zu tun ... Hier nicht."

„Was heißt, hier nicht?"

„Hier, auf diesem Planeten nicht. Wir müssen — auswandern."

„So? Und wohin? Vielleicht landen wir dann auf einem Planeten, auf dem es nur Fliegen gibt!"

„Aber nein, meine Damen und Herren Gespenster! Ich kenne einen geeigneten Planeten."

„Wie heißt er? Namen nennen!"

„Erde, meine Damen und Herren Gespenster! Erde heißt dieser Planet. Seht ihr da unten den kleinen Punkt im blauen Licht? Das ist er. Ich weiß aus verläßlicher Quelle, daß auf der Erde Millionen Kinder leben, die sofort den Kopf unter die Decke stecken, wenn man nur das Wort Gespenster ausspricht."

„Fein!"

„Und das soll wahr sein?"

„Mein Gewährsmann hat noch nie gelogen!" sagte das alte Gespenst.

Da riefen alle: „Abstimmen! Abstimmen!"

„Aber worüber sollen wir abstimmen?"

„Wer mit der Auswanderung auf die Erde einverstanden ist, hebt einen Zipfel seines Leichentuchs. Wartet ... ich muß ja die Stimmen zählen ... eins, zwei, drei, ... vierzig ... vierzigtausend ... vierzig Millionen. — Gegenstimmen? Eins, zwei — Keine sonst? Nein ... also die überwältigende Mehrheit ist dafür. Wir wandern aus!"

„Und die zwei Gegenstimmen? Wandern die auch aus?"

„Das versteht sich von selbst. Die Minderheit hat sich immer der Mehrheit zu fügen!"

„Wann geht es los?"

„Morgen abend, gleich wenn es finster wird."

Am nächsten Abend, noch ehe einige Monde aufgegangen waren (der Planet Bort hatte nämlich vierzig Monde, unverständlich, wie sie ihre Kreise zogen, ohne einander zu begegnen), stellten sich die Geister von Bort in Reih und Glied auf, schwenkten ihre Gewänder wie Flügel ... und schon waren sie auf der Reise durch den Weltraum. Sie sahen aus wie ein Schwarm von weißen Raketen.

„Und wenn wir uns verirren?"

„Keine Angst. Der Älteste kennt sich auf den Himmelsstraßen aus wie in den Löchern seines Leichentuches."

SCHLUSS I

In wenigen Minuten — denn sie flogen mit Lichtgeschwindigkeit — landeten die Geister auf der Erde, auf dem dunklen Erdteil, dort, wo die Nacht soeben begonnen hatte.

„So, und jetzt die Reihen aufschließen!" kommandierte der Älteste. „Jeder geistert herum, macht seine Tricks und sammelt Erfahrungen. Vor der Morgendämmerung treffen wir uns hier an der gleichen Stelle zur Lagebesprechung. Einverstanden? Gschsch ..."

Die Gespenster verteilten sich in der Finsternis in alle Richtungen. Als sie sich wieder trafen, sprangen sie vor lauter Freude fast aus ihren Leichentüchern.

„Kinder! Das ist ein Schlaraffenland!"

„Ein Haupttreffer!"

„So ein Glückstag!"

„Wer hätte geglaubt, daß es noch so viele Menschen gibt, die an Geister glauben."

„Und nicht nur Kinder, auch Erwachsene."

„Auch viele gebildete Leute!"

„Mir ist es sogar gelungen, einem Doktor Angst einzujagen!"

„Und ich habe einem Polizisten weiße Haare verschafft!"

„Endlich haben wir den richtigen Planeten gefunden, wie geschaffen für uns. Ich bin dafür, daß wir hier bleiben!"

„Ich auch!"

„Ich auch!"

Bei dieser Abstimmung wurde kein einziger Leichentuchzipfel als Gegenstimme erhoben.

SCHLUSS II

In wenigen Minuten — denn sie flogen mit Lichtgeschwindigkeit — waren die Geister aus Bort weltraumweit von ihrem Planeten entfernt. Aber in der Eile des Aufbruchs hatten sie nicht bemerkt, daß gerade die Gespenster an der Spitze der Kolonne flogen, die gegen die Auswanderung auf die Erde gestimmt hatten. Wißt ihr, wer die beiden waren? Ich werde es euch verraten; sie waren Ausländer. Sie waren keine Bortianer. Sie waren zwei Geister aus Mailand, einer großen Stadt in Italien. Von dort waren sie einst verjagt worden, und zwar von ein paar Mailändern, die nur mit ein paar faulen Eiern nach ihnen geworfen hatten. Die beiden Gespenster landeten damals ganz geheim auf Bort und mischten sich rasch und unbemerkt unter die anderen Geister.

Von einer Rückkehr zur Erde wollten sie jetzt natürlich nichts wissen. Heute nicht und morgen auch nicht. Aber wehe ihnen, wenn sie sich verraten hätten! Sie hatten ja schließlich ohne Aufenthaltsbewilligung auf Bort gelebt.

Deshalb dachten sie sich etwas aus.

Während alle glaubten, der alte und weise Geist würde den richtigen Weg zeigen, stellten sich die beiden an die Spitze der Kolonne. Der alte Herr war längst eingeschlafen, und so steuerten sie anstatt in Richtung Erde in Richtung Picchio, auf einen Planeten zu, der dreihundert Millionen Kilometer und sieben Zentimeter von der Erde entfernt war. Dort lebte nur ein Volk von armen Fröschen.

Die Borter Geister fühlten sich auf Picchio zumindest einige Jahrhunderte lang ziemlich wohl. Dann allerdings hatten, so hört man, auch die Frösche von Picchio die Angst vor Gespenstern verloren.

SCHLUSS III

In wenigen Minuten — denn sie flogen mit Lichtgeschwindigkeit — befanden sich die Gespenster von Bort bereits am Rande des Mondes. Sie bereiteten sich gerade auf die Erdlandung vor, um sich an die Arbeit zu machen, als sie plötzlich eine andere Geisterkolonne durch den Weltraum auf sich zukommen sahen.

„Wer kommt denn da?“

„Und wer seid ihr?“

„Das gilt nicht! Wir haben zuerst gefragt, also antwortet!“

„Wir sind die Erdengeister. Wir wandern aus, denn auf der Erde gibt es keine Seele mehr, die vor uns zittert.“

„Und wohin wollt ihr gehen?“

„Wir ziehen nach Bort. Man hat uns gesagt, dort gebe es noch Arbeit für uns.“

„Na, gute Nacht, ihr Ärmsten! Wir sind nämlich auf der Flucht von Bort, weil es dort keine Arbeit mehr für Gespenster gibt.“

„Verflixt! Das haben wir uns aber anders vorgestellt. Was tun wir jetzt?“

„Vorschlag: Schließen wir uns zusammen und gehen wir auf die Suche nach einem Reich der Angsthasen. Es muß doch eines geben, wenigstens ein einziges in dieser großen Welt!“

„Einverstanden! Das machen wir!“

Und das machten sie auch. Sie formten zwei Kolonnen und stürzten sich, Trübsal blasend, ins weite All.

Ein Hund, der nicht bellen konnte

Es war einmal ein Hund, der konnte nicht bellen. Er bellte nicht. Er miaute nicht. Er brüllte nicht, und er wieherte auch nicht. Er konnte keinen Laut von sich geben. Der Hund war sehr einsam. Wer weiß, wie er überhaupt in dieses hundearme Land gekommen war! Er selbst hätte es gar nicht gemerkt, daß ihm etwas fehlte, aber die anderen machten ihn darauf aufmerksam. Sie fragten ihn:

„Sag einmal, warum bellst du nicht?"

„Ich glaub, ich kann das nicht ... ich bin nämlich nicht von hier."

„Hört euch diese Antwort an! Weißt du nicht, daß Hunde bellen?"

„Wozu?"

„Sie bellen, weil sie Hunde sind. Sie bellen, wenn Vagabunden vorbeikommen, sie bellen böse Katzen an oder den Vollmond. Sie bellen, wenn sie zufrieden sind, und sie bellen, wenn sie nervös oder wütend sind. Im allgemeinen bei Tag, aber manchmal auch bei Nacht."

„Kann schon sein, aber ich ..."

„Was ist los mit dir? Bist du ein Wunder? Warte nur, eines Tages stehst du noch in der Zeitung."

Der Hund wußte nicht, was er auf all diese Einwände antworten sollte. Er konnte nun einmal nicht bellen, und er wußte auch nicht, wie er es lernen sollte.

Eines Tages sagte ihm ein Hahn, der Mitleid mit ihm hatte: „Mach es so wie ich“, und schmetterte zwei oder drei Kikeriki heraus.

„Das scheint mir sehr schwierig“, sagte unser Hund.

„Aber was denn! Das ist das Einfachste auf der Welt! Hör mir gut zu und schau auf meinen Schnabel. Und dann machst du es genauso wie ich.“ Und der Hahn gab noch ein Kikeriki von sich.

Der Hund versuchte, es ihm genau nachzumachen, aber aus seiner Schnauze kam nur ein plumpes Kchckchc, das die erschrockenen Hühner in die Flucht schlug.

„Macht nichts“, meinte der Hahn, „fürs erste Mal ist es noch zu laut, los, versuch es noch einmal!“

Der Hund versuchte es noch einmal und noch einmal.

Er übte den ganzen Tag. Von morgens bis abends plagte er sich. Manchmal ging er sogar in den Wald, um dort ganz ungestört üben zu können.

Eines Morgens, als er gerade im Wald war, gelang ihm ein derart echtes Kikeriki, so schön und so stark, daß es der Fuchs hörte und dachte: Endlich stattet mir der Hahn einen Besuch ab. Ich werde ihm entgegenlaufen und ihn begrüßen ... Und tatsächlich setzte er zum Lauf an, vergaß aber nicht, Gabel, Messer und Serviette mitzunehmen, denn für einen Fuchs gibt es keine köstlichere Mahlzeit als ein schönes Hähnchen. Man kann sich vorstellen, wie verdutzt er stehenblieb, als er anstelle des erwarteten Hahnes den Hund sah, der auf seinem Schwanz saß und ein Kikeriki nach dem andern von sich gab.

„Aha!“ sagte der Fuchs, „so ist das also! Da wird mir eine Falle gestellt!“

„Eine Falle?“

„Natürlich! Du hast so getan, als ob sich ein Hahn im Wald verlaufen hätte, und hast dich versteckt, um mich anzufallen. Gut, daß ich dich rechtzeitig gesehen habe. Aber so eine Jagd ist gegen das Gesetz. Im allgemeinen bellen Hunde, um mich zu verständigen, daß die Jäger kommen.“

„Ich schwöre dir . . . ich . . . glaube mir . . . ich denke doch gar nicht an eine Jagd. Ich bin zum Üben da.“

„Üben? Was denn üben?“

„Ich lerne bellen, ich hab es fast schon gelernt, hör zu, wie gut ich es schon kann.“ Und wieder ertönte ein klangvolles Kikeriki.

Der Fuchs wäre vor lauter Lachen fast explodiert. Er rollte sich auf der Erde, hielt sich den Bauch, biß sich in den Schnurrbart und in den Schwanz. Unser Hund war ganz erschüttert. Still, mit herunterhängenden Ohren und mit Tränen in den Augen schlich er davon.

In der Nähe war ein Kuckuck, der den Hund vorbeigehen sah und den das Mitleid packte. „Was haben sie dir denn angetan?“

„Nichts.“

„Warum bist du dann so traurig?“

„Ach! Weil, weil, weil, weil es mir nicht gelingt zu bellen. Niemand bringt es mir bei.“

„Wenn es nur das ist — ich werd’s dir beibringen. Hör gut zu und versuch es so zu machen wie ich: Kuckuck! Kuckuck! . . . Hast du begriffen? Klar?“

„Das kommt mir leicht vor."

Ist auch ganz leicht. Ich habe das schon von klein auf können. Kuckuck! Kuckuck! ... Probier es einmal!"

„Ku ...", machte der Hund. „Ku ..."

Er probierte es an diesem Tag, er probierte es am nächsten Tag. Am Ende der Woche gelang es ihm schon ziemlich gut. Er war sehr zufrieden und dachte: Endlich! Endlich beginne ich wirklich zu bellen. Von jetzt an können die andern sich nicht mehr über mich lustig machen.

In diesen Tagen begann die Jagd. Viele Jäger kamen in den Wald, auch solche, die auf alles, was sie sehen und hören, schießen. Sogar auf eine Nachtigall würden sie schießen, das wären die glatt imstande. Und ein solcher Jäger kam vorbei, hörte im Gebüsch „Kuckuck! Kuckuck!", zog sein Gewehr und ... peng, peng, knallte er zwei Schüsse ab.

Zum Glück trafen die beiden Kugeln nicht. Sie streiften nur am Ohr unseres Hundes vorbei, ssiip, ssiip, wie Rauchwölkchen. Der Hund lief davon, war aber sehr erstaunt: „Dieser Jäger muß verrückt sein, der schießt sogar auf bellende Hunde ..."

Inzwischen suchte der Jäger den Vogel, denn er war sicher, ihn getroffen zu haben. „Bestimmt hat ihn der Hund fortgetragen, und wer weiß, wohin der gelaufen ist ...", brummte der Jäger.

Und um seinen Zorn zu vertreiben, schoß er auf ein Mäuschen, das den Kopf aus seinem Loch steckte. Doch er traf es nicht.

Der Hund lief und lief ...

SCHLUSS I

Der Hund lief und begegnete auf einer Wiese einer friedlich weidenden Kuh.

„Wohin läufst du?"

„Weiß nicht."

„Dann bleib stehen. Hier gibt es herrliches Gras."

„Ach was! Gras kann mich auch nicht kurieren!"

„Bist du denn krank?"

„Nicht gerade krank, ich kann nicht bellen."

„Aber das ist doch das Einfachste auf der Welt. Hör mir zu ... Muuuh, muuuh, muuuh. Ist das nicht eine schöne Melodie?"

„Nicht schlecht. Aber ich weiß nicht, ob das die richtige Melodie für mich ist, schließlich bist du eine Kuh!"

„Natürlich bin ich eine Kuh."

„Ich aber nicht. Ich bin ein Hund."

„Natürlich bist du ein Hund. Na und? Niemand hindert dich, meine Sprache zu lernen."

„Ich hab' eine Idee!" rief der Hund.

„Welche?"

„Eine, die mir eben in den Sinn gekommen ist. Ich werde alle Tierlaute lernen, dann kann ich in einem Zirkus auftreten und viel Erfolg haben und reich werden und die Tochter des Königs heiraten. Die Tochter des Hundekönigs, natürlich!"

„Bravo! Das hast du dir gut ausgedacht. Aber jetzt an die Arbeit! Hör gut zu: Muuuh, muuuh ..."

„Muuuh, muuuh", machte der Hund.

Er war ein Hund, der zwar nicht bellen konnte, aber großes Talent für Fremdsprachen hatte.

SCHLUSS II

Der Hund lief und lief und begegnete einem Bauern.

„Vor wem läufst du davon?"

„Ich weiß es selbst nicht."

„Dann komm zu mir nach Hause. Ich brauche gerade einen Hund, der auf meine Hühner achtgibt."

„Ich möchte ja gerne, aber ich warne dich: Ich kann nicht bellen."

„Umso besser, Hunde die bellen, verscheuchen die Diebe. Aber dich werden sie nicht hören und ganz nahe herankommen. Dann wirst du sie anfallen und packen, und die Diebe werden die verdiente Strafe bekommen."

„Sei's drum", sagte der Hund.

Und so kam es, daß der Hund, der nicht bellen konnte, zu einer Stellung, zu einer Hütte und täglich zu einem Suppenknochen kam.

SCHLUSS III

Der Hund lief und lief. Plötzlich blieb er stehen. Was hatte er da für eine merkwürdige Stimme gehört? Wau, wau, machte sie, wau . . .

Dieser Laut kommt mir bekannt vor, dachte der Hund, und doch weiß ich nicht, welches Tier solche Laute von sich gibt.

„Wau, wau!"

Ist das eine Giraffe? Nein, vielleicht ein Krokodil? Das Krokodil ist aber bekanntlich ein wildes Tier, ich muß mich vorsichtig nähern.

Er schlich langsam durch das Gebüsch, in die Richtung, aus der dieses Wauwau zu ihm drang. Unter seinem Fell — wer weiß warum? — pochte sein Herz stark und laut.

„Wau, wau!“

„Da schau! Ein Hund!“

„Servus, Hund!“

„Servus, Hund!“

„Kannst du mir sagen, welchen Laut du eben von dir gegeben hast?“

„Welchen Laut? Merk dir ein für allemal, das ist nicht irgendein Laut, das war gebellt! Ich belle!“

„Was? Du kannst bellen? Du bellst?“

„Natürlich! Du wirst doch nicht behaupten, daß ich wie ein Elefant trompete oder wie ein Löwe brülle?“

„Willst du es mir beibringen?“

„Du kannst nicht bellen?“

„Nein.“

„Hör gut zu und schau mich an. So wird's gemacht: Wau, wau . . .“

Da plötzlich machte auch unser Hund wau, wau. Glücklich und ganz gerührt dachte er bei sich: Endlich habe ich den richtigen Lehrmeister gefunden!

Das haus in der wüste

Es war einmal ein sehr reicher Mann. Reicher als die reichsten amerikanischen Milliardäre. Viel reicher als Onkel Dagobert Duck. Einfach steinreich! Er hatte ganze Vorratskammern und Lagerhäuser voll Geld, vom Fußboden bis zur Decke, vom Keller bis zum Dach. Münzen aus Gold, aus Silber und aus Nickel. Münzen in jeder Größe. Italienische Lire, Schweizer Franken, englische Pfunde, Tonnen voll Dollar, Rubel, Zloty und Dinar. Zentner voll klingender Münzen aus aller Herren Länder. Das Papiergeld hielt er in Tausenden Koffern fest versiegelt.

Dieser Mann hieß Herr Puk.

Herr Puk beschloß, sich ein Haus bauen zu lassen: „Ich will es in der Wüste haben“, sagte er. „Weit weg von allem und jedem.“

In der Wüste gibt es aber keine Steine, mit denen man bauen kann, keine Ziegel, keinen Kalk, weder Holz noch Marmor, dort gibt es nichts — außer Sand.

„Umso besser“, meinte Herr Puk. „Mein Haus wird aus meinem Geld gebaut. Meine Geldstücke werden anstelle von Steinen, Ziegeln, Holz und Marmor dienen.“

Er bestellte einen Architekten und ließ sich einen Plan machen.

„Ich will dreihundertfünfundsechzig Zimmer“, sagte Herr Puk, „eines für jeden Tag des Jahres. Das

Haus soll zwölf Stockwerke haben, eines für jeden Monat des Jahres, außerdem will ich zweiundfünfzig Treppen, eine für jede Woche des Jahres. Alles muß aus Geld sein, verstanden?"

Der Architekt verlangte zumindest Nägel.

„Kommt gar nicht in Frage! Wenn Sie Nägel brauchen, nehmen Sie meine Goldstücke, schmelzen Sie sie ein, und verwenden Sie eben Nägel aus Gold!"

„Für das Dach braucht man zumindest Dachziegel ..."

„Na und? Nehmen Sie mein Silbergeld, das wird ein solides Dach werden!"

Der Architekt machte den Plan. Dreitausendfünfhundert Lastwagen mit Anhänger mußten eingesetzt werden, um das nötige Geld in die Wüste zu transportieren. Vierhundert Zelte brauchte man, um die Arbeiter unterzubringen.

Und es ging los. Die Baugrube wurde ausgehoben, und dann, anstelle des Fundaments aus Eisenbeton — flusch! hinein mit den Fuhren voll Geld. Dann kamen die Mauern: Ein Geldstück auf das andre, ein Geldstück neben das andre. Ein Geldstück, ein wenig Kalk und wieder ein Geldstück. Der erste Stock war ganz aus Silbergeld, und zwar aus italienischen 500-Lire-Münzen. Der zweite Stock war ganz aus Dollars und Vierteldollars.

Dann die Türen: Auch die waren aus Geld, und zwar aus Banknoten, die miteinander verklebt wurden. Dann die Fenster: Kein Glas! Österreichische Schillinge und Deutsche Markstücke, gut miteinander verleimt und mit türkischen und schwedischen Banknoten

verkleidet. Dachstuhl, Dachziegel, Öfen, alles aus klingenden Geldstücken. Möbel, Badewannen, Wasserhähne, Tapeten, Vorhänge, Treppenstufen, Gitter im Keller, Klosette, wohin man sah: Geld, Geld, Geld, überall Geld, nur Geld. Jeden Abend, wenn die Maurer von der Baustelle weggingen, wurden sie von Herrn Puk durchsucht. Er wollte sicher sein, daß sie nicht am Ende auch nur einen Groschen in Taschen oder Schuhen davontrugen. Sogar die Zunge mußten sie herausstrecken, denn auch unter der Zunge kann man, so man will, eine Rupie, einen Piaster oder eine Peseta verstecken.

Als das Haus fertiggebaut war, blieben noch immer Berge und Berge von Geld. Herr Puk ließ es in den Keller und auf den Dachboden tragen, füllte viele Zimmer damit an und ließ nur einen schmalen Durchgang zwischen den Geldhaufen frei, damit er vorbeigehen und nachzählen konnte.

Dann gingen alle davon, der Architekt, der Polier, die Arbeiter, die Chauffeure, und Herr Puk blieb ganz allein in seinem supergroßen Palast, mitten in der Wüste, in einem Haus, ganz aus Geld. Geld unter den Füßen, Geld über dem Kopf, Geld links, Geld rechts, vorne Geld und hinten Geld, wohin er ging, wohin er sich wendete, er sah nur Geld, Geld und noch einmal Geld. Selbst wenn er sich auf den Kopf stellte, konnte er nichts anderes sehen.

An den Wänden hingen Hunderte von wertvollen Bildern, keine Ölgemälde oder Aquarelle, sondern eingerahmte Banknoten, aber selbst die Rahmen waren aus Moneten. Es gab auch Hunderte von Statuen, die aus Bronzegeld, aus Kupfer- und Eisenmünzen hergestellt waren.

Rings um Herrn Puk und sein Haus war Wüste, die sich endlos in alle vier Himmelsrichtungen erstreckte. Manchmal kam der Wind vom Norden, manchmal vom Süden, und dann schlugen die Türen und Fenster und gaben seltsame Töne von sich, klingklang, und Herr Puk, der ein außergewöhnlich gutes Gehör hatte, war imstande, am Klang die Münzen aus den verschiedenen Ländern der Erde zu erkennen: „Dort, dieses DÖNG kommt von dänischen Kronen, und dieses DÄNG von holländischen Gulden . . ., und hier ist die Stimme Brasiliens, die von Zambia, von Guatemala . . ."

Wenn Herr Puk die Treppen hinunterstieg, erkannte er, ohne hinzusehen, das Geld, auf das er mit seinen Schuhsohlen trat. Er erkannte es an der Art der Reibung, denn er hatte auch außergewöhnlich feinfühlige Fußsohlen. Und so gelang es ihm, mit geschlossenen Augen die Stufen hinunterzusteigen und dabei zu murmeln: „Rumänien, Indien, Indonesien, Island, Ghana, Japan, Süd-Afrika . . ."

Selbstverständlich schlief er in einem Bett aus Geld: Golddukaten als Kopfstütze und Leintücher aus Hunderttausend-Lire-Scheinen, die mit doppeltem Faden zusammengenäht waren. Täglich wechselte er die Bettwäsche, denn er war ein überaus reinlicher Mensch. Die gebrauchten Leintücher legte er in den Safe.

Zum Einschlafen las er Bücher aus seiner Bibliothek. Die Bände waren aus Banknoten von fünf Kontinenten zusammengestellt, sehr ordentlich gebunden. Herr

Puk wurde niemals müde, in diesen Bänden zu blättern, denn er war auch ein überaus gebildeter Mensch.

Eines Nachts, während er gerade in einem Banknotenband der australischen Staatsbank blätterte ...

SCHLUSS I

Eines Nachts hörte Herr Puk, wie an eine Tür seines Palastes gepocht wurde, und er erkannte sofort, ohne zu zögern: „Das ist die Tür aus den alten Maria-Theresien-Talern!“

Er ging nachsehen und stellte fest, daß er sich nicht geirrt hatte. Vor der Tür aber standen Räuber, die ausriefen: „Ihre Brieftasche oder Ihr Leben!“

„Bitte sehr, meine Herren! Treten Sie ein und sehen Sie selbst nach. Ich besitze keine Brieftasche.“

Die Räuber traten ins Haus. Ohne sich die Mühe zu machen, Wände, Fenster, Türen und Möbel näher zu betrachten, suchten sie nach dem Safe: voller Leintücher! Und sie waren schließlich nicht hergekommen, um zu untersuchen, ob die Bettwäsche aus Leinen oder aus Banknotenpapier war. Im ganzen Haus, vom ersten bis zum zwölften Stockwerk, fanden sie keine Brieftasche. Da gab es wohl merkwürdige Sachen, in manchen Zimmern, im Keller, auf dem Dachboden, aber es war dunkel, und man konnte nicht erkennen, woraus dieses Zeug bestand. Und außerdem sind Räuber Leute, die genau wissen, was sie wollen: Brieftaschen! Aber Herr Puk hatte keine Brieftasche.

Die Räuber waren zuerst wütend, dann begannen sie zu weinen, denn für diesen Raubzug hatten sie den ganzen weiten Weg durch die große Wüste zurückgelegt, und jetzt sollten sie mit leeren Händen umkehren? Herr Puk bot ihnen zum Trost frische Limonade an. Gegen Morgen gingen die Räuber wieder weg und vergossen bittere Tränen, die in den Sand fielen — und aus jeder dieser Tränen wuchs eine Blume, und als Herr Puk am nächsten Morgen aus dem Fenster sah, hatte er einen herrlichen Ausblick auf lauter Blumen.

SCHLUSS II

Eines Nachts hörte Herr Puk, wie an eine Tür gepocht wurde, und erkannte sofort: Das ist die Tür aus den alten Negustalern.

Er ging öffnen. Zwei Kinder standen da, die sich in der Wüste verlaufen hatten. Sie froren, hatten Hunger und weinten.

„Bitte, eine milde Gabe!"

Herr Puk schlug ihnen die Tür vor der Nase zu. Aber sie klopften weiter. Schließlich verlor Herr Puk die Geduld und sagte: „Nehmt euch die Tür!"

Die Kinder nahmen die Tür; sie war zwar schwer, aber ganz aus Gold. Sie trugen die Tür nach Hause und konnten sich nun endlich Milch und Kuchen kaufen.

Ein anderes Mal kamen zwei andere arme Kinder, und Herr Puk schenkte ihnen eine andere Tür. Dann verbreitete sich das Gerücht, daß Herr Puk sehr großzügig sei, und arme Menschen aus allen Teilen der Wüste und der bewohnten Erde kamen, und niemand ging mit leeren Händen fort. Dem einen schenkte Herr Puk ein Fenster, dem anderen einen Stuhl (ganz aus Banknoten von Fünfhunderter-Scheinen gemacht) und so weiter und so fort. Ein Jahr später hatte er bereits das Dach und das oberste Stockwerk verschenkt.

Die Armen kamen weiterhin in großen Scharen aus allen Winkeln der Erde.

Mein Gott! Ich wußte gar nicht, daß es so viele arme Leute gibt, dachte Herr Puk.

Und er half ihnen Jahr für Jahr, seinen Palast abzutragen. Dann übersiedelte er in ein Zelt, so wie ein Beduine oder wie ein Camping-Tourist, aber er fühlte sich leichter, sogar erleichtert.

SCHLUSS III

Eines Nachts fand Herr Puk, als er in einem Banknotenband blätterte, eine falsche Banknote. Wie war die da hineingekommen? ... Am Ende gibt es auch andere? Wütend blätterte Herr Puk in allen Bänden seiner Bibliothek und fand ein Dutzend falscher Banknoten.

„Vielleicht gibt es im ganzen Haus dort und da falsches Geld? Ich muß nachsehen!“

Wie gesagt, Herr Puk war ein äußerst feinfühliger Mann. Der Gedanke, daß in irgendeiner Ecke des Palastes, in einem Ziegel, in einem Schemel, in einer Türe oder in einer Mauer ein falsches Geldstück eingemauert sein könnte, raubte ihm den Schlaf. Und so begann er das ganze Haus auseinanderzunehmen und suchte nach falschem Geld. Er fing beim Dach an und arbeitete sich immer tiefer, Stockwerk um Stockwerk, und wenn er ein falsches Geldstück fand, begann er zu schreien: „Jetzt erinnere ich mich, das hat mir dieser Betrüger gegeben, dieser Dingsda . . .!"

Er kannte sein Geld, Stück um Stück. Er fand ja auch nur sehr wenig Falschgeld, denn was das Geld betraf, war er immer schon mißtrauisch gewesen. Aber auf ein falsches Geldstück hereinzufallen, das kann jedem passieren, wenn man nur einen Augenblick lang zerstreut ist.

Auf diese Weise hatte er nach und nach das ganze Haus abgerissen, und nun saß er mitten in der Wüste auf einem großen Schutthaufen von Geld, Banknoten und Gold. Das Haus von neuem aufbauen? Dazu fehlte ihm der Mut. Den Haufen Geld liegen lassen und weggehen? Das wollte er auch nicht. Also blieb er verbittert dort sitzen. Und während er auf der Spitze seines Geldhaufens hockte, wurde er immer kleiner und kleiner, bis er schließlich selbst zu einem Geldstück wurde — zu einem falschen Geldstück!

Als die Leute kamen und all das Geld mitnahmen, warfen sie das falsche Geldstück fort, weit in die Wüste.

Der Zauberflötenspieler

Es war einmal ein Zauberflötenspieler. Das ist eine alte Geschichte, die jeder kennt. Sie erzählt von einer Stadt, die voll von Ratten ist, und von einem jungen Mann, der mit seiner Zauberpfeife alle Ratten zum Fluß führt und sie dort ertränkt. Und weil der Bürgermeister nicht zahlen will, was er vorher als Belohnung versprochen hat, beginnt der Rattenfänger noch einmal zu pfeifen und führt alle Kinder aus der Stadt.

Auch diese Geschichte handelt von einem Flötenspieler. Vielleicht ist es der aus dem Märchen. Vielleicht auch nicht.

Es war einmal eine Stadt, die voll war, aber diesmal voll von Autos. Autos standen auf den Straßen, auf den Gehsteigen, unter den Haustoren, mit einem Wort überall! Es gab Autos jeder Art, manche klein wie Spieldosen, andere lang wie Schiffe, Autos mit Anhängern, Autos mit Wohnwagen, Personenwagen, Lastwagen, Möbelwagen, große und kleine Autobusse. Es waren derart viele, daß sie nur mit großer Mühe vorwärtskamen. Da gab es Zusammenstöße, eingedrückte Kotflügel, verbogene Stoßstangen und zerquetschte Auspuffrohre. Am Ende waren es so viele, daß es weder Platz zum Fahren noch zum Halten gab. Da mußten die Leute eben zu Fuß gehen! Aber das war gar nicht so einfach, denn auf allen freien Plätzen standen Autos. Man mußte sie daher wegschieben oder darüberklettern oder unter ihnen durchkriechen. Von morgens bis abends hörte man:

„Achgott, Achgott!“ Das war ein Fußgänger, der sich seinen Kopf an einer Motorhaube angeschlagen hatte.

„Auweh-ohweh! Auweh-ohweh!“ Und das kam von zwei Fußgängern, die aneinandergeprallt waren, als sie unter einem Lastwagen durchkrochen.

Versteht sich, daß die Leute ganz verrückt vor Zorn wurden.

„Jetzt ist aber höchste Zeit! Schluß damit!“

„Es muß etwas geschehen!“

„Warum kümmert sich der Bürgermeister nicht darum?“

Der Bürgermeister hörte die Proteste und murmelte: „Kümmern! Ich kümmere mich ja! Kummer genug! Tag und Nacht denke ich nach, sogar am Weihnachtstag habe ich mir den Kopf zerbrochen! Aber es fällt mir nichts ein. Ich weiß nicht mehr, was ich tun oder sagen soll. Dagegen ist eben kein Kraut gewachsen! Diese Quälgeister!“

Eines Tages machte ein sonderbarer Jüngling seine Aufwartung auf dem Gemeindeamt. Er trug eine Jacke aus Schaffell, Sandalen und eine lange Zipfelmütze. Alles in allem sah er eher wie ein Schalmeibläser aus. Das heißt wie ein Schalmeibläser ohne Schalmei. Als er verlangte, vom Bürgermeister empfangen zu werden, antwortete die Wache kurz angebunden: „Laß ihn in Frieden, der hat keine Lust auf Ständchen!“

„Ständchen? Aber ich habe doch keine Schalmei!“

„Noch schlimmer, wenn du nicht einmal spielen kannst. Warum soll dich dann der Bürgermeister empfangen?“

„Sag ihm nur, ich weiß, wie man die Stadt von den Autos befreien kann.“

„Was? Was sagst du da? Hör einmal, verschwinde so rasch wie möglich, solche faulen Witze ziehen bei uns nicht.“

„Melde mich beim Bürgermeister. Du wirst es nicht bereuen, ich schwöre es dir“, verlangte der Jüngling.

Er drängte so lange, bis ihn die Wache zum Bürgermeister führte.

„Einen schönen guten Tag, Herr Bürgermeister!“

„Das ist leicht gesagt, guten Tag! Aber wann wird es für mich einen guten Tag geben? Erst wenn ...“

„... die Stadt frei von Autos sein wird. Stimmt's? Und ich weiß das Geheimnis.“

„Du? Wer hat es dir denn verraten? Eine Ziege? He?“ höhnte der Bürgermeister.

„Wer es mir verraten hat, ist ja nicht wichtig. Laßt mich nur einmal probieren, Ihr verliert ja nichts dabei. Und wenn Ihr mir etwas dafür versprecht, habt Ihr ab morgen kein Kopfzerbrechen mehr.“

„Laß hören, was muß ich dir dafür versprechen?“

„Daß von morgen an die Kinder auf dem Hauptplatz spielen dürfen. Dort soll es für sie ein Ringelspiel, eine Schaukel und eine Rutsche geben, ja und dann noch Gummibälle und Drachen.“

„Auf dem Hauptplatz?“

„Auf dem Hauptplatz!“

„Und du willst nichts anderes dafür?“

„Nichts anderes!“

„Na, dann meine Hand darauf! Versprochen! Und wann fängst du an?“

„Jetzt gleich, Herr Bürgermeister!“

„Also an die Arbeit, und verliere keine Zeit, nicht eine Minute!“

Der sonderbare Jüngling verlor keine Minute, nicht einmal eine Sekunde. Auf der Stelle steckte er seine Hand in die Tasche, zog eine Pfeife aus Mandelholz heraus und begann gleich im Büro des Bürgermeisters frisch drauflos eine seltsame Melodie zu spielen.

Und während er sein Lied pfiff, verließ er das Bürgermeisteramt, ging über den Hauptplatz und näherte sich dem Fluß.

Von da ab ...

„Da! Seht einmal hin! Was ist denn mit dem Auto los? Es startet ganz von selbst!“

„Und dort, das andere auch!“

„Donnerwetter, das ist ja meines! Wer nimmt mir mein Auto weg? Aufhalten! Haltet den Dieb!“

„Aber so schau doch besser hin, das sind keine Diebe. Alle Autos haben sich in Bewegung gesetzt.“

„Sie werden immer schneller ... Sie rollen davon!“

„Um Gotteswillen! Wohin fahren sie denn?“

„Mein Auto, ich will mein Auto haben, haaaaaaalt!“

„Versuch's doch und streu ihm Salz auf den Schwanz!“

Aus allen Teilen der Stadt kamen die Autos in einem Heidenlärm daher, es war ein Getöse wie noch nie, die Motoren ratterten, die Auspuffrohre röchelten, die Hupen tuteten, die Sirenen heulten ... und die Autos rollten und rollten und rollten davon.

Wenn ihr ganz genau hinhört, könnt ihr in diesem Heidenlärm, stärker als das Getöse, den Klang des Pfeifers hören und seine seltsame, ganz seltsame Melodie . . .

SCHLUSS I

Die Autos fuhren zum Fluß.

Der Pfeifer erwartete sie an der Brücke, ohne auch nur einen Augenblick sein Spiel zu unterbrechen. Als das erste Auto ankam — es war zufällig das des Bürgermeisters —, änderte er ein bißchen die Melodie, das heißt, er gab noch einen Ton dazu — und wie auf ein Signal stürzte die Brücke ein. Das Auto sank in den Fluß, und der Strom trug es weit, weit fort. Und da war auch schon das zweite, das dritte, und dann waren alle Autos, da, eines nach dem anderen, in Zweierreihen, in Kolonnen tauchten sie mit einem letzten Seufzer des Motors, mit einem letzten Röcheln der Hupe unter, und der Strom trug sie alle fort.

Aus den Straßen waren die Autos verschwunden. Jetzt kamen die Kinder mit Fußbällen und mit Puppenwagen, sie saßen auf ihren Dreirädern oder Fahrrädern und grüßten freundlich die Erwachsenen.

Aber die Erwachsenen rauften sich die Haare, riefen die Feuerwehr und protestierten bei den Wachleuten.

„Und ihr laßt diesen Blödsinn zu? So haltet sie doch auf, zum Teufel! Bringt doch diesen vermaledeiten Pfeifer zum Schweigen!"

„Er soll untertauchen samt seiner Pfeife!"

DELICATESSEN

„Der Bürgermeister ist verrückt geworden. Alle unsere schönen Autos läßt er zerstören!"

„Bei diesen Preisen!"

„Bei diesen Butterpreisen!"

„Nieder mit dem Bürgermeister! Abdanken!"

„Nieder mit dem Pfeifer!"

„Ich will mein Auto wiederhaben!"

Manche Leute waren so wütend, daß sie sich auf den Pfeifer stürzen wollten. Aber bevor sie ihn berühren konnten, mußten sie stehenbleiben. Er war von einer unsichtbaren Mauer umgeben, die ihn schützte, und die Tollkühnen gingen vergeblich mit Fäusten und Fußtritten auf ihn los. Der Pfeifer wartete, bis das letzte Auto im Fluß versunken war, dann tauchte auch er unter, kam am anderen Ufer wieder heraus, machte eine Verbeugung, drehte sich um und verschwand im Wald.

SCHLUSS II

Die Autos fuhren zum Fluß, und eines nach dem andern versank mit einem letzten Röcheln des Motors im Wasser. Das letzte Auto, das sich ertränkte, war das des Bürgermeisters. Zu dieser Zeit war der Hauptplatz bereits voll von spielenden Kindern. Ihr Freudengeschrei war lauter als das Jammern der Leute, die zusahen, wie ihre Autos in der Ferne verschwanden und von der Strömung davongetragen wurden.

Schließlich hörte der Pfeifer auf zu pfeifen, hob die Augen und sah plötzlich eine drohende Menge auf sich zukommen. An der Spitze der Herr Bürgermeister persönlich.

„Seid Ihr zufrieden, Herr Bürgermeister?“

„Na warte! Jetzt werde ich dich zufriedenstellen! Du glaubst wohl, was Gutes getan zu haben. Weißt du, wieviel Arbeit und wieviel Geld ein Auto kostet? Das war eine schöne Methode, die Stadt zu befreien!“

„Aber Ihr . . . aber ich . . .“

„Du bist ein Nichtsnutz! Und wenn du nicht den Rest deines Lebens im Gefängnis verbringen willst, nimmst du deine Pfeife und holst alle Autos wieder aus dem Fluß heraus. Wehe dir, wenn sie nicht alle wieder zurückkommen, vom ersten bis zum letzten!“

„Bravo! Gut so! Lang lebe unser Bürgermeister!“ riefen die Leute.

Der Pfeifer gehorchte, und die Autos gehorchten seiner Zauberpfeife. Sie tauchten aus dem Fluß wieder auf und fuhren auf die Straßen und Gassen und verstellten wieder all die Plätze, die sie vorher schon verstellt hatten. Sie vertrieben die Kinder, die Fußbälle, die Dreiräder und die Puppenwagen. Am Ende war alles so wie früher.

Langsam entfernte sich der Pfeifer. Er war sehr traurig. Und keiner hat jemals wieder von ihm gehört.

SCHLUSS III

Die Autos fuhren auf und davon . . . Was glaubt ihr wohin? Zum Fluß wie die Ratten von Hameln? Aber woher denn. Sie fuhren und fuhren . . . und plötzlich waren sie aus der Stadt verschwunden. Kein einziges stand auf dem Hauptplatz, die Gassen waren leer, die Plätze wie ausgestorben. Ja, wo waren sie denn?

Spitzt die Ohren und ihr werdet sie hören. Sie fahren jetzt unter der Erde. Mit seiner Zauberpfeife hat dieser merkwürdige Jüngling Straßen unter den Straßen, Plätze unter den Plätzen gegraben. Und da unten fahren die Autos jetzt. Sie bleiben stehen, lassen die Fahrer einsteigen, und dann reihen sie sich wieder in die Kolonne ein. Auf diese Weise gibt es Platz für alle: unter der Erde für die Autos, über der Erde für die Leute aus der Stadt, die spazieren gehen, auf die Regierung schimpfen, über Fußball oder den Mond sprechen wollen, und Platz genug für die Kinder, die spielen wollen, und auch für die Damen, die ihr Geld ausgeben.

„Wie dumm! Wie dumm war ich, daß ich nicht früher daran gedacht habe!“ rief der Bürgermeister begeistert aus.

Später bekam der Pfeifer ein Denkmal in der Stadt. Sogar zwei. Ein Denkmal auf dem Hauptplatz und eines unterhalb, wo die Autos unermüdlich in den Unterführungen hin- und herrollten.

Doktor Fürchterlich

Doktor Fürchterlich und sein Assistent Famulus arbeiteten bereits seit langem, aber ganz geheim, an einer schrecklichen Erfindung. Fürchterlich, wie schon sein Name zur Genüge sagt, war ein teuflischer Wissenschaftler. Er war ebenso kühn wie böse und hatte seine außergewöhnliche Begabung in den Dienst wahrhaft fürchterlicher Erfindungen gestellt.

„Du wirst sehen, Famulus, der atomare Superwagenheber, dem wir den letzten Schliff geben, wird die Überraschung des Jahrhunderts sein."

„Kein Zweifel, Herr Doktor. Ich kann mir jetzt schon vorstellen, wie verblüfft unsere lieben Landsleute sein werden, wenn dieser Wagenheber den Turm von Pisa auf den Mont Blanc transportiert."

„Den Turm von Pisa?" schrie Fürchterlich. „Mont Blanc? Aber Famulus, wer hat dir solche Kindereien in den Kopf gesetzt?"

„Aber Herr Doktor, als wir die Absicht hatten . . ."

„Wir? Wir hatten die Absicht, hochwürdigster Herr Famulus? Wir? Und speziell du? Welche Absicht hast du gehabt? Was hast du erfunden? Das Schokoladepapier? Den grifflosen Schirm? Das warme Wasser?"

„Ich muß mich korrigieren, Doktor Fürchterlich", seufzte Famulus und machte sich ganz klein und bescheiden, „als Sie, und Sie allein, die Absicht hatten, den Wagenheber zu erfinden, schien mir, daß Sie Andeutungen machten, den Turm von Pisa auf den höchsten Gipfel der Alpen ..."

„Stimmt! Ich erinnere mich sehr wohl. Aber nur aus reiner Vorsicht habe ich davon gesprochen, bester und verehrtester Famulus. Ich kenne doch deine Gewohnheit, nach allen Seiten zu quatschen! Mit dem Bäckerlehrling, mit dem Burschen vom Milchhändler, mit dem Hausmeister, mit der Schwägerin des Kusins vom Hausmeister ..."

„Die kenne ich nicht! Ich schwöre es, Doktor, die Schwägerin vom Kusin des Hausmeisters kenne ich überhaupt nicht, und ich verspreche Ihnen, ich werde nie etwas unternehmen, um ihre Bekanntschaft zu machen."

„Einverstanden. Streichen wir sie aus unserem Gespräch. Ich wollte dir nur erklären, liebster und törichtester Famulus, warum ich dir nicht vertraue. Ich habe dir das Geschichtchen vom Turm von Pisa nur deshalb erzählt, um meine wahre Absicht zu verschleiern. Die sollte ein Geheimnis für alle sein."

„Wie lange noch, Professor?"

„Bis gestern, neugieriger Famulus. Aber heute hast du die große Ehre, es zu erfahren. In einigen Stunden wird der Apparat soweit sein. Noch heute verreisen wir."

„Wir verreisen, Doktor Fürchterlich?"

„Wir verreisen, und zwar natürlich an Bord unseres atomaren Wagenhebers."

„Und in welche Richtung, wenn Sie gestatten?"

„Richtung Weltraum, du mein Famulus, reich an Fragen!"

„In den Weltraum!“

„Genauer: auf den Mond!“

„Auf den Mond!“

„Ich stelle fest, daß du von den Fragezeichen auf die Ausrufungszeichen übergegangen bist. Wohlan! Schluß mit dem Zaudern! Höre meine Pläne! Mit meinem Wagenheber hole ich mir den Mond, ziehe ihn aus seiner Bahn und befestige ihn an irgendeinem Punkt im Weltraum.“

„Kolossal!“

„Von dort aus, teurer Famulus, verhandeln wir mit den Erdbewohnern!“

„Großartig!“

„Wollt ihr euren Mond wiederhaben, gut, dann zahlt in purem Gold, kauft ihn jetzt von seinem neuen Besitzer, dem Doktor Furchtbar Fürchterlich!“

„Wunderbar!“

„Mit Gold aufwiegen, mit purem Gold, verstehst du Famulus? G-o-l-d!“

„Enorm!“

„Hast du endlich meine Idee begriffen?“

„Begriffen, Professor. Die genialste Idee des zwanzigsten Jahrhunderts.“

„Moment, auch die abscheulichste! Ich habe beschlossen, als der teuflischeste Mensch aller Zeiten in die Geschichte einzugehen. Und jetzt an die Arbeit, Famulus!“

Einige Stunden genügten für die letzten Handgriffe. Der atomare Wagenheber war startbereit. Ein merkwürdiger Apparat! Er ähnelte tatsächlich den Geräten, mit denen Autofahrer ihren Wagen heben, um ein Rad zu wechseln. Er war nur ein bißchen größer und außerdem an eine Weltraumkabine angeschlossen, in der gerade Platz genug für zwei Stühle war. Als Doktor Fürchterlich den Augenblick für geeignet hielt, um sein teuflisches Unternehmen in Angriff zu nehmen, machten es sich der Erfinder und sein Assistent auf den beiden Stühlen bequem. Letzterem gelang es allerdings nur mit Mühe, sein Zittern zu verbergen.

„Ruhe, Famulus!“

„Jaaa, He-he-herr Do-dodokdoktor!“

„Nicht stottern!“

„N-n-nei-nein He-he-herr Do-do-dok-oktor!“

„Schluck diese Pille, sie wird dich sofort beruhigen.“

„Bin schon ruhig, Doktor Fürchterlich, bin schon ganz ruhig.“

„Sehr brav, Famulus. Und jetzt rückwärts zählen!“

„Fünf, sechs, sieben . . .“

„Zurück, Famulus, ich habe gesagt rückwärts zählen!“

„Ach mein Gott, tausendmal Entschuldigung! Fünf, vier, drei, zwei . . . eins!“

„L O S !“

SCHLUSS I

An diesem Abend leuchtete der Mond nicht. Zuerst dachten die Leute, er sei von irgendeiner Wolke bedeckt. Aber der Himmel war klar, die Nacht voller Sterne. Und der Mond, wie man zu sagen pflegt, glänzte durch seine Abwesenheit.

Nach langwierigen Untersuchungen konnten ihn die Astronomen ausfindig machen, und zwar ganz in der Nähe des Sternbilds Skorpion.

„Schaut euch einmal an, wo der sich festgesetzt hat! Wie hat er das gemacht?“

In diesem Moment ertönte die Stimme des Doktor Fürchterlich aus allen Lautsprechern der Erde.

„Achtung! Achtung! Hier spricht Fürchterlich. Fürchterlich ruft die Erde! Wie ihr festgestellt habt, habe ich mich des Mondes bemächtigt. Wenn ihr ihn wiederhaben wollt, müßt ihr den Mond in Gold aufwiegen. Die Astronomen kennen sein Gewicht bis auf das letzte Gramm. Ich gebe euch vierundzwanzig Stunden Zeit für die Antwort. Wenn ihr meine Bedingung nicht annehmt, lasse ich den Mond explodieren und ihr werdet ihn nie wieder sehen! Habt ihr mich verstanden? Nie wieder! Achtung! Achtung! Hier spricht Fürchterlich ...“

Zweimal wiederholte der teuflische Wissenschaftler seine Botschaft, damit er nur ja verstanden werde. Für dieses Genie war es gar nicht schwer, sich zeitweise in die Radioprogramme der ganzen Welt einzuschalten, es war fast eine Spielerei.

Aber niemand auf der Erde machte sich wirklich Sorgen um das Verschwinden des Mondes. Die Vereinigten Staaten von Amerika, die Sowjetunion, Italien und Frankreich, China und Japan und viele andere Staaten gingen sofort daran, eine große Anzahl künstlicher Monde in den Weltraum zu schicken. Einer heller als der andere. Am Ende wurde es so hell, daß die Leute protestierten, weil sie nicht schlafen konnten.

Was blieb dem Doktor Fürchterlich anderes übrig, als den Mond zu behalten?

Vor lauter Verzweiflung begann er Nägel zu beißen.

SCHLUSS II

Der Mond war verschwunden, und von einem Ende der Welt zum anderen waren die Leute bestürzt und besorgt.

„Wie werden wir das Mondlicht betrachten, wenn es keinen Mond mehr gibt?“ fragten sich die Träumer.

„Ich bin immer bei Mondenschein schlafen gegangen, um Licht zu sparen! Muß ich mich jetzt damit abfinden, die Lampe anzuzünden?“ fragte ein Geizhals.

Die Zeitungen forderten in Balkenlettern: „Gebt uns unseren Mond wieder!“

Ein Betrüger begann die Häuser abzuklappern mit der Behauptung, er sei von einem Komitee zur Rückgabe des Mondes beauftragt worden, Gold zum Kauf des Mondes zu sammeln. Viele gutgläubige Menschen gaben ihm ihre Ringe und Ohrgehänge, ihre Ketten und Armbänder, und nachdem der Betrüger ein Pfund beisammen hatte, flüchtete er übers Meer. Man hat nie wieder von ihm gehört.

Zum großen Glück für die Menschheit und die Freunde des Mondes lebte zu dieser Zeit in Omegna am Ortasee ein Wissenschaftler, der nicht weniger intelligent war als Doktor Fürchterlich, aber nicht so böse. Er nannte sich Magnetikus. Ohne jemandem ein Wörtchen zu verraten, stellte er in wenigen Stunden einen atomaren Supermagneten her, mit dem er den Mond in seine frühere Bahn zog, in der genau richtigen Entfernung zur Erde. Fürchterlich bemühte sich, alle ungeheuerlichen Energien seines Wagenhebers in Bewegung zu setzen, aber gegen den Supermagneten des Magnetikus war nichts zu machen. Aus lauter Verzweiflung wanderte Fürchterlich auf den Planeten Jupiter aus.

Die Leute haben niemals erfahren, auf welche Weise der Mond, ohne Kampf und ohne Geld, zurückerobert wurde. Magnetikus hielt nichts von Ruhm und Ehre und hat nie sein Geheimnis verraten. Außerdem war er bereits mit einer anderen Erfindung beschäftigt, mit einer sehr wichtigen nämlich. Er arbeitete an einem Patent für unabreißbare Knöpfe. Es ist bekannt, daß er mit dieser Erfindung in die Geschichte eingegangen ist.

SCHLUSS III

Auf das „Los!“ von Professor Fürchterlich folgte ein starkes Zischen, das die Nachbarn mit dem Heulen einer Sirene verwechselten. Wenige Minuten später befanden sich der Erfinder und sein Assistent in der Mondgegend, der Wagenheber saß in einem kleinen Krater fest und setzte sich in Funktion.

„Unglaublich, Herr Doktor!“ begeisterte sich Famulus und rieb sich die Hände. „Ungeheuerlich!“

„Ruhe!“ schrie Fürchterlich nervös.

„Ruhe!“ wiederholte er wenig später, obwohl Famulus seither den Mund nicht mehr geöffnet hatte.

Als Doktor Fürchterlich zum drittenmal „Ruhe!“ geschrien hatte, verstand sogar Famulus, daß irgend etwas nicht klappte. Der grandiose Wagenheber versprühte umsonst seine teuflische Kraft: der Mond änderte seine gewohnte Bahn um nicht einen Millimeter.

Nun muß man dazu wissen, daß der begabte und auf jedem Gebiet talentierte Doktor Fürchterlich im Berechnen von Gewichten und Maßen des metrischen Systems eher schwach war. Und bei der Berechnung des Mondgewichtes hatte er sich geirrt. Er hatte Tonnen mit Zentnern verwechselt, sodaß der Wagenheber für einen zehnmal kleineren und leichteren Mond als den unseren hergestellt worden war. Doktor Fürchterlich brüllte vor Zorn, stieg in seine Raumkabine, stürzte sich ins Weltall und ließ den armen Famulus allein und verlassen im Schlund des Mondkraters, ohne einen Tropfen Wasser. Nicht einmal ein Stückchen Schokolade hatte er, mit der er sich die Angst hätte vertreiben können.

Stimmen in der Nacht

Wenn ihr euch an das alte Märchen von der Prinzessin erinnert, die nicht schlafen konnte, weil eine Erbse unter der untersten Matratze des Matratzenberges war, auf dem sie lag, dann werdet ihr meine Geschichte von dem alten Herrn besser verstehen.

Er war ein alter, sehr guter Herr, besser als so mancher andere alte Herr.

Eine Abends, als er sich niedergelegt hatte und das Licht löschen wollte, hörte er etwas ... Er hörte eine weinende Stimme.

„Merkwürdig", sagte er, „ich glaube, ich höre etwas ... Vielleicht ist jemand in der Wohnung?"

Der alte Herr stand auf, warf sich einen Schlafrock über die Schultern, suchte in seiner kleinen Wohnung, in der er ganz allein lebte, sah überall nach ...

„Nein, hier ist niemand. Das wird von den Nachbarn kommen."

Der alte Herr ging wieder zu Bett, aber nach einer Weile hörte er neuerlich die Stimme, eine weinende Stimme.

„Mir scheint, das kommt von der Straße. Ja, da ist jemand, der da unten weint ... Ich muß nachsehen."

Der alte Herr stand wieder auf, zog sich gut an, denn die Nacht war kalt, und ging auf die Straße.

„Die Stimme schien von hier zu kommen, aber da ist niemand. Vielleicht in der Nebenstraße."

Der alte Herr ging der weinenden Stimme nach, von einer Straße zur anderen, von einem Platz zum andern, durchquerte die ganze Stadt, und gerade bei den letzten Häusern der letzten Straße fand er unter einem Haustor einen ganz alten Mann, der mit schwacher Stimme jammerte.

„Was machen Sie hier? Fühlen Sie sich nicht wohl?" fragte ihn der alte Herr.

Der Greis lag ausgestreckt auf ein paar Lumpen. Als er sich angesprochen fühlte, erschrak er.

„Was? Was ist los? ... Verstehe, Sie sind der Hausherr ... ich geh schon ... ich geh sofort ..."

„Aber wohin wollen Sie denn gehen?"

„Wohin? Ich weiß es nicht. Ich hab weder ein Zuhause noch einen Menschen. Hier habe ich mich untergestellt. Es ist kalt heute nacht. Sie müssen einmal versuchen, auf einer Parkbank zu schlafen, nur mit ein paar Zeitungen zugedeckt. Da braucht man nicht mehr aufzustehen. Aber was geht Sie das an? Ich geh ja schon ..."

„Aber nein, hören Sie, warten Sie. Ich bin nicht der Hausherr."

„Was wollen Sie also? Ein bißchen Platz? Machen Sie es sich bequem. Decken habe ich keine, aber Platz ist genug für zwei."

„Ich wollte sagen ... Bei mir zu Hause, wenn Sie wollen, ist es ein bißchen wärmer. Ich habe ein Sofa!"

„Ein Sofa? Im Warmen?"

„Los, kommen Sie. Und wissen Sie, was wir machen? Bevor wir schlafen gehen, trinken wir eine Tasse warme Milch!"

Sie gingen gemeinsam nach Hause, der alte Herr und der obdachlose Greis. Am nächsten Tag führte der alte Herr den Greis in ein Spital, denn vom Schlafen in Parks und unter Haustoren hatte sich der einen hartnäckigen Husten geholt. Dann kehrte er heim.

Am Abend, als der alte Herr gerade zu Bett gehen wollte, hörte er wieder eine weinende Stimme . . .

„Schon wieder eine Stimme, aber eine andere", sagte er. „Es hat keinen Zweck, daß ich im Haus nachsehe, ich weiß, daß niemand hier ist. Es ist auch zwecklos, daß ich zu schlafen versuche. Mit dieser Stimme im Ohr wird es mir sicherlich nicht gelingen einzuschlafen. Vorwärts, machen wir uns auf die Suche."

Wie am Abend zuvor verließ der alte Herr sein Haus und ging und ging, immer der Stimme nach, die weinte und diesmal von sehr weit herzukommen schien. Er ging und ging und durchquerte die ganze Stadt. Er ging immer weiter, aber irgend etwas kam ihm seltsam vor. Er befand sich bereits in einer fremden Stadt und dann wieder in einer anderen Stadt. Er ging immer weiter. Er durchquerte die ganze Gegend und kam in ein kleines Dorf auf einer Bergspitze. Dort war eine arme Frau, die weinte, weil sie ein krankes Baby hatte und niemanden, der einen Arzt holte.

„Ich kann das Kind nicht allein lassen, aber in diesem Schnee kann ich es auch nicht mitnehmen."

Ringsum war wirklich alles voll Schnee. Die Nacht glich einer weißen Wüste.

„Warten Sie", sagte der alte Herr, „erklären Sie mir, wo der Arzt wohnt. Ich werde ihn holen. Aber in der Zwischenzeit legen Sie dem Baby feuchte Umschläge auf die Stirn. Das wird es erfrischen, und vielleicht wird es schlafen können."

Der alte Herr tat alles, was es zu tun gab.

Und nun war er wieder in seinem Zimmer. Und wieder war es Abend. Und wieder war da eine weinende Stimme. Diesmal war sie ganz nahe bei seinem Kissen. Er konnte sie einfach nicht überhören. Seufzend zog sich der alte Herr wieder an, trat aus dem Haus und schritt aus. Diesmal passierte ihm etwas ganz Merkwürdiges. Er mußte ganz Italien durchwandern, selbst das Meer mußte er überschreiten, und dann war er in einem Land, wo Krieg herrschte. Dort war eine Familie, die ihr Haus durch eine Bombe verloren hatte und ganz verzweifelt war.

„Verliert nicht den Mut", sagte der alte Herr. Und er half, so gut er konnte. Sehr viel konnte er freilich nicht tun, aber schließlich hörten die armen Leute auf zu weinen, und der alte Herr konnte nach Hause zurückkehren. Von jetzt an konnte er sich an keinem Tag mehr schlafen legen.

„Heute werde ich mich vorher ein wenig ausruhen", sagte sich der alte Herr. Aber es gab immer eine Stimme, die weinte. Es gibt immer jemanden, sei es in Europa oder in Afrika, in Asien oder in Amerika, der Tränen vergießt. Und deshalb kam jede Nacht eine Stimme in das Haus des alten Herrn, ganz in die Nähe seines Kissens, und ließ ihn nicht einschlafen. Nacht für Nacht mußte er einer weit entfernten Stimme nachgehen. Selbst wenn sie vom anderen Ende der Welt kam, er hörte sie. Er hörte sie und konnte nicht einschlafen . . .

Dieser alte Herr war ein guter Mensch, ein sehr guter sogar. Aber da er sich nie ausschlafen konnte, wurde er nervös, sogar sehr nervös.

„Wenn ich wenigstens eine Nacht schlafen könnte", seufzte er. „Oder zumindest jede zweite Nacht. Schließlich gibt es doch nicht nur mich auf dieser Welt. Ist es denn möglich, daß außer mir niemand diese Stimme hört? Daß niemand daran denkt, aufzustehen und nachzusehen?"

An manchen Abenden, wenn er die Stimme hörte, versuchte er Widerstand zu leisten. „Diesmal stehe ich nicht auf, ich habe mich erkältet, ich habe starke Rükkenschmerzen. Niemand kann mir vorwerfen, daß ich selbstsüchtig bin."

Aber die Stimme setzte sich durch und zwang den alten Herrn aufzustehen.

Und mit der Zeit wurde er immer nervöser und immer müder. Schließlich machte er es sich zur Gewohnheit, vor dem Schlafengehen zwei Wattebausche in die Ohren zu stopfen. Auf diese Weise konnte er die Stimme nicht hören und schlief ein.

„Ich mach es ja nur eine Zeitlang", sagte er, „nur um mich ein wenig auszuruhen. So, als ob ich einen kleinen Urlaub nehmen würde."

Aber im folgenden Monat stopfte er sich wieder die Ohren zu.

Eines Abends ließ er den Wattebausch beiseite und spitzte die Ohren. Aber er hörte nichts. Er blieb die halbe Nacht wach und wartete: Er hörte keine Stimme

und kein Weinen, nur einige Hunde, die in der Ferne bellten.

„Entweder es weint niemand mehr, oder ich bin taub geworden. Das ist kein Grund zur Aufregung. Vielleicht ist es besser so."

SCHLUSS II

Viele, viele Nächte lang und viele, viele Jahre lang lebte der alte Herr so weiter. Immer stand er auf, bei jedem Wetter, und ging von einem Ende der Welt ans andere, um irgend jemandem zu helfen. Ohne sich auszuziehen, schlief er nur wenige Stunden nach dem Mittagessen auf einem Lehnstuhl, der noch älter war als er selbst.

Die Nachbarn schöpften Verdacht.

„Wohin geht er jede Nacht?"

„Ein Bummler! Laßt ihn. Ein Vagabund, habt ihr das noch nicht bemerkt?"

„Ich glaub eher, er ist ein Dieb!"

„Ein Dieb? Das wäre vielleicht eine Erklärung!"

„Wir müssen ihn beobachten!"

Eines Nachts wurde in der Mietskaserne, in der der alte Herr wohnte, ein Diebstahl verübt. Die Nachbarn verdächtigten ihn. Seine Wohnung wurde durchsucht, alles wurde durcheinander geworfen. Der alte Herr protestierte aus ganzer Kraft:

„Ich bin unschuldig! Ich bin unschuldig!"

„Ach so? Na, dann sagen Sie uns, wo Sie letzte Nacht waren?"

„Ich war ... ach, ich war in Argentinien. Dort

konnte ein Bauer seine Kuh nicht mehr finden und . . ."

„Hört euch diese Unverschämtheit an! In Argentinien! Auf der Jagd nach einer Kuh!"

Schließlich landete der alte Herr im Kerker. Und er war verzweifelt, weil er jede Nacht eine weinende Stimme hörte und er nicht aus seiner Zelle konnte, um die Menschen zu suchen, die ihn brauchten.

SCHLUSS III

Eigentlich gibt es keinen dritten Schluß.

Er könnte aber so lauten: daß es eines Nachts auf der ganzen Erde keinen einzigen Menschen mehr gibt, der weint, auch kein Kind. Und die folgende Nacht das gleiche. Und dann alle Nächte. Niemand weint mehr, niemand ist mehr unglücklich.

Vielleicht wird das eines Tages möglich sein. Der alte Herr selbst ist zu alt, um das zu erleben. Aber er steht weiterhin jede Nacht auf. Ein Mensch wie er gibt nicht auf.

Giro, der Zauberer

Es war einmal ein armer Zauberer, der hieß Giro. Es scheint ein Widerspruch zu sein: Das Wort „Zauberer" und das Wort „arm" passen in einer Geschichte nicht gut zusammen. Aber dieser Zauberer, ein echter Zauberer, war nun wirklich arm, denn seit langem hatte er keine Kunden mehr.

Er war ganz verzweifelt: „Ist es denn möglich, daß mich niemand mehr braucht? Früher hatte ich so viele Kunden, daß es mir nicht gelang, es allen recht zu tun. Einer nach dem anderen kamen sie und verlangten Wunder von mir. Ich will nicht prahlen, aber es gab nicht viele Zauberer wie mich . . . Ich werde mich einmal umsehen in der Welt und nachschauen, was da vorgefallen ist. Wenn ein Zauberer aufgetaucht ist, der tüchtiger und mächtiger ist als ich, dann werde ich ihm Anerkennung zollen."

Gesagt, getan. Der Zauberer verpackte seinen ganzen Hokuspokus: Zauberstab, Zauberbuch, zwei oder drei Zauberpulver — und machte sich auf den Weg.

Er ging und ging, und gegen Abend kam er vor ein kleines Haus. Er klopfte: Tock, tock.

„Wer ist da?"

„Gut Freund, Signora, gut Freund!"

„Oh fein, treten Sie ein, es kommen so selten Freunde auf Besuch. Legen Sie ab. Kann ich Ihnen etwas anbieten?"

„Ich? Nein, Signora, ich brauche nichts, aber vielleicht brauchen Sie etwas von mir? Wissen Sie, ich bin nämlich ein Zauberer, ich heiße Zauberer Giro."

„Ein Zauberer? Ach, wie schön!"

„Ja, ein Zauberer. Sehen Sie diesen Stab? Er sieht nicht danach aus, ist aber ein Zauberstab. Wenn ich zwei kleine Worte sage, zwei kleine Worte, die nur ich kenne, wird ein Stern vom Himmel fallen und Licht in Ihr Haus bringen . . ."

Bei diesem Wort stieß die Signora einen kleinen Schrei aus: „Oh, weil Sie gerade ‚Licht' sagen! Ich bin derart in meine Gedanken versunken, daß ich nicht einmal bemerkt habe, wie finster es wird. Entschuldigen Sie! So, das wär's. Was sagten Sie übrigens vom Licht?"

Aber der Zauberer war viel zu erstaunt, um das Gespräch wieder aufnehmen zu können. Er betrachtete den Luster mit aufgesperrtem Mund, als ob er ihn schlucken wollte.

„Aber, Signora, wie haben Sie das gemacht?"

„Wie ich das gemacht habe? Ich habe den Schalter gedreht — und der Luster leuchtet. Eine gute Sache, die Elektrizität."

Zauberer Giro registrierte in seinem Hirn das neue Wort: Elektrizität! Das ist also die Zauberei, die mir Konkurrenz macht!

Dann nahm er seinen Mut zusammen und begann wieder: „Also, Signora, ich sagte eben, daß ich ein Zauberer bin und unendlich viel zaubern kann. Wenn ich zum Beispiel ein bißchen von diesem Pulver in einen Becher gebe, können Sie die Stimme einer weit entfernten Person hören."

„Oh“, schrie die Signora wieder, „Sie erinnern mich, daß ich mit dem Installateur telefonieren muß. Entschuldigen Sie mich einen Moment, ja? Hier ist die Nummer: ‚Hallo? Ist dort der Installateur? Gut, daß ich Sie antreffe. Können Sie morgen vormittag vorbeikommen und die Waschmaschine reparieren? Danke. Empfehlung! Danke sehr!‘ So, das ist erledigt!“

Zauberer Giro mußte zwei oder dreimal schlucken, bevor er wieder Worte fand.

„Signora, mit wem haben Sie eben gesprochen?“

„Mit dem Installateur! Haben Sie es nicht gehört? Eine gute Sache, das Telefon.“

Zauberer Giro registrierte in seinem Hirn wieder ein neues Wort: Noch ein Zauberer, von dem ich noch nie etwas gehört habe. Daß es soviel Konkurrenz gibt ...

Dann sagte er: „Hören Sie, Signora, wenn Sie den Wunsch haben, hier, in diesem Zimmer, jemanden zu sehen, der weit weg ist, machen Sie keine Umstände: Ich habe noch ein Pülverchen, mit dessen Hilfe ...“

„Himmel!“ rief da die Signora. „Heute bin ich aber wirklich zerstreut. Jetzt habe ich vergessen, den Fernseher einzustellen, um die Skiwettbewerbe zu sehen. Wissen Sie, daß mein Sohn Abfahrts-Champion ist? Jetzt stelle ich aber sofort ein, vielleicht ist noch Zeit ... Ja, so ein Glück! Das ist er, dieser da ist mein Sohn, der gerade die vielen Gratulationen einsteckt. Man sieht es, er hat wieder gewonnen. Schauen Sie, was für ein schöner Junge er ist! Dabei hätte ich fast die Übertragung versäumt. Gut, daß Sie mich daran erinnert haben. Aber sagten Sie nicht, daß Sie Zauberer sind?“

„Ja, Signora, das habe ich gesagt, ich bin der Zauberer Giro."

„Oh", rief die Signora aus, ohne ihm zuzuhören, „eine gute Sache das Fernsehen!"

Der arme Zauberer ließ sich zweimal das Wort wiederholen, damit er es ganz sicher in seinem Kopf behielt. Und dabei überlegte er: Schon wieder eine Zauberei von der Konkurrenz. Langsam verstehe ich, warum die Arbeit so knapp geworden ist. Mit all diesen Zauberern, die sich da herumtreiben.

Und dann begann er wieder geduldig, seine Dienste anzubieten: „Also hören Sie, Signora. Wie ich eben sagte, bin ich ein großer, ein berühmter Zauberer. Ich bin gekommen, um nachzusehen, ob ich Ihnen nicht in irgendeiner Weise behilflich sein kann. Hier, werfen Sie einen Blick darauf, das ist mein Buch mit den Zauberformeln, das ist mein Zauberstab . . ."

SCHLUSS I

Es ist unnötig zu erwähnen, daß es dem Zauberer Giro an diesem Tag nicht gelang, auch nur ein einziges Geschäft abzuschließen. Seit er sich regelmäßig umsah, wie ein Handelsvertreter, der auf Zaubereien spezialisiert ist, bemerkte er, daß sich die Welt viel zu sehr verändert hatte. Nach dem Luster, nach dem Telefon, nach dem Fernseher entdeckte der arme Zauberer noch hundert andere Wunder, die früher einmal Tausenden Zauberern Arbeit gegeben hätten. Heute halten sich auch einfache Leute diese Sachen zu Hause und bedienen sich ihrer mit einem Druck auf den Knopf.

Der Zauberer beschloß, sich besser über die Dinge in dieser Welt zu informieren, und kaufte sich zu diesem Zweck einen ganzen Pack Zeitungen. Auf diese Weise fand er heraus, daß die Konkurrenz noch nicht in alle Teile dieses Planeten gekommen war. Es gab noch Länder ohne Elektrizität und ohne Telefon. Sie waren von armen Leuten bewohnt, die kein Geld hatten, um sich die modernen Wunder zu kaufen.

Sehr gut, dachte der Zauberer und rieb sich die Hände, und plötzlich strömten Schwärme von Funken aus seinen Händen. Ich werde in diese Länder gehen, dort gibt es für mich noch viel zu tun. Dort hat man sicher noch Respekt vor den braven alten Zauberern von einst.

SCHLUSS II

Der Zauberer hörte der alten Signora zu, sah sich in ihrem Haus um, betrachtete die Maschinen, die sie besaß, und begriff, daß es in der modernen Welt keinen Platz mehr für veraltete Wundersprüche gab.

„Die Menschen sind verrückt geworden“, sagte er sich. „Sie haben alle Arten von Teufeleien erfunden, an die wir Zauberer nicht einmal gedacht hätten. Lieber Giro, du mußt dich anpassen. Oder wie man jetzt sagt, du mußt dein Wissen auf den heutigen Stand bringen. Anders ausgedrückt: entweder du wechselst den Beruf, oder es erwartet dich ein hartes Alter.“

Aber da der Zauberer Giro nicht dumm war, hatte er nach zwei oder drei Tagen Nachdenken und Überlegen einen Plan bereit. Er mietete ein großes Lokal und begann elektrische Haushaltsgeräte zu verkaufen. Auch auf Raten. In kurzer Zeit wurde er ein reicher Kaufmann. Er schaffte sich ein Auto an, ein Häuschen am Lago Maggiore, ein Segelboot, und am Sonntag machte er Rundfahrten auf dem See. Wenn es keinen Wind gab, machte es ihm auch nichts aus, denn mit einem kleinen Zauber blies er seine Segel auf und flitzte in wenigen Minuten über den See. Den Motor ließ er nie an, er ersparte sich das Benzingeld.

SCHLUSS III

Dieser Tag hatte dem Zauberer Giro eine Lektion erteilt! Wenn er ein Dummkopf gewesen wäre, hätte er den Mut verloren. Aber er war kein Dummkopf. Hingegen verstand er, daß die Wunder, die er im Hause dieser Signora entdeckt hatte, nicht das Werk eines Zauberers waren, sondern Errungenschaften der Wissenschaft. Und weil er gute Ideen hatte, sagte er sich:

„Sieh an, was die Menschen ohne Zauberstab alles erfunden haben, nur mit ihrem Kopf und mit der Arbeit ihrer Hände. Und wer weiß, was da noch alles erfunden werden kann! Ich werde als Zauberer zurücktreten und ein gewöhnlicher Mensch werden. Ich werde studieren und etwas Neues entdecken."

Für seinen Rücktritt mußte er keinen Brief an die Gesellschaft der Zauberer schicken. Es genügte, daß er sein Bündel mit dem verhexten Plunder, den er jetzt ohnedies nicht mehr brauchte, in den nächsten Straßengraben warf. Jetzt konnte er erleichtert und zufrieden seinen neuen Lebensweg antreten.

Rinaldos Abenteuer

Eines Tages stürzte Rinaldo vom Fahrrad und kam mit einer großen Beule auf der Stirn nach Hause. Seine Tante, bei der er lebte — Rinaldos Eltern waren in Deutschland auf Arbeitsuche —, war ganz entsetzt. Sie war eine von jenen Tanten, die über alles entsetzt sind.

„Rinaldo, mein Junge, was ist passiert?"

„Nichts Schlimmes, Tante Rosa. Ich bin vom Fahrrad gefallen, das ist alles."

„Mein Gott im Himmel, bin ich erschrocken!"

„Aber du hast mich doch gar nicht fallen gesehen!"

„Eben deswegen!"

„Das nächste Mal ruf ich dich, bevor ich hinfalle."

„Rinaldo! Mit solchen Sachen scherzt man nicht. Sag mir lieber, wozu du das Fahrrad in die Wohnung gebracht hast."

„In die Wohnung? Aber ich hab es doch unten im Hausflur stehen lassen, wie immer."

„Und dieses Fahrrad da, wem gehört das?"

Rinaldo drehte sich um, folgte mit den Augen dem Zeigefinger der Tante und sah ein rotes Fahrrad, das an der Küchenwand lehnte.

„Dieses Fahrrad gehört mir nicht. Ich habe ein grünes, Tante Rosa."

„Stimmt. Deines ist grün. Und das da? Ist das von allein heraufgekommen?"

„Wahrscheinlich. Oder es waren Gespenster!"

„Rinaldo, ich bitte dich, sprich nicht von Gespenstern!“

„Immerhin, das ist auch ein schönes Fahrrad.“

Tante Rosa unterdrückte einen Schrei.

„Was ist los, Tante?“

„So schau doch, da ist schon wieder ein Fahrrad.“

„Wahrhaftig! Das ist aber auch schön!“

Händeringend entsetzte sich Tante Rosa noch mehr.

„Wo kommen denn nur all diese Fahrräder her?“

„Bah“, machte Rinaldo, „das ist eben ein Wunder. Ein angenehmes Wunder. Vielleicht ist auch im Schlafzimmer ein Fahrrad? Ja, sieh doch, Tante Rosa. Jetzt sind es drei. Wenn das so weitergeht, haben wir demnächst das Haus voller Fahrräder.“

Bei dem nun folgenden Schrei der Tante mußte sich Rinaldo die Ohren zuhalten. Denn kaum hatte Rinaldo das Wort „Fahrräder“ ausgesprochen, füllte sich das Haus tatsächlich mit Fahrrädern. Ein Dutzend stand allein im Badezimmer — wie Tante Rosa feststellte, als sie einen Blick hineingeworfen hatte: zwei davon waren in der Badewanne.

„Genug, Rinaldo!“ seufzte die arme Tante und ließ sich auf einen Stuhl fallen, „genug, das halt ich nicht mehr aus!“

„Was heißt genug? Was kann ich dafür? Ich hab sie doch nicht gemacht. Wie du weißt, kann ich nicht einmal ein Dreirad selber machen!“

Kling, kling ... Ein wunderschönes Dreirad schmückte den Tisch. So fabrikneu, daß die Räder noch mit Kartonage verpackt waren, aber die Glocke trillerte fröhlich, als wollte sie sagen: Ich bin auch da!

„Rinaldo! Ich flehe dich an!“

„Tante Rosa, du glaubst doch nicht wirklich, daß alles, was da geschieht, meine Schuld ist?“

„Gewiß! Ich will sagen, ich glaube es nicht, Rinaldo. Aber trotzdem bitte ich dich, Rinaldo, sei vorsichtig, sag weder das Wort Fahrrad noch das Wort Dreirad.“

Rinaldo brach in ein Gelächter aus: „Wenn's nur das ist, reden wir halt von etwas anderem, willst du, daß wir von Weckern oder Wassermelonen reden? Von Schokoladepudding oder von Gummistiefeln?“

Tante Rosa fiel in Ohnmacht. In der Reihenfolge, in der die Worte den Mund Rinaldos verlassen hatten, bevölkerte sich das Haus mit Weckern, Wassermelonen, Pudding und Stiefeln. Alle diese teuren und ausgefallenen Gegenstände erschienen aus dem Nichts, wie Gespenster.

„Tante! Tante Rosa!“

„Was? Was ist los?“ flüsterte die Tante und kam langsam wieder zu sich. „Rinaldo, mein lieber Neffe, mein liebes Kind, hab Mitleid, setz dich da nieder und halt den Mund. Du hast deine Tante doch lieb, nicht? Also setz dich und gib Ruhe! Ich geh und hol den Herrn Professor Meisterhaft. Vielleicht kennt er sich aus.“

Dieser Professor Meisterhaft war ein pensionierter Professor. Er wohnte auf der anderen Seite des Hofes. Immer wenn Tante Rosa ein Problem hatte, lief sie zum Professor. Er ließ sich niemals lange bitten, hörte ruhig zu und bot seine Hilfe an. Nur alte Leute sind so warmherzig und geduldig. Auch diesmal ließ sich der Professor nicht lange bitten.

„Also, junger Mann, was ist los?"

„Guten Abend, Herr Professor. Ich weiß es nicht. Anscheinend sind in dieser Wohnung . . ."

Aber bevor er noch das Wort „Geister" aussprechen konnte, legte ihm Tante Rosa die Hand auf den Mund.

„Nein, Rinaldo, nicht dieses Wort! Alles, aber keine Geisterbeschwörung . . ."

„Frau Rosa", mischte sich der Professor Meisterhaft ein, „erklären Sie mir das so gut wie möglich. Ich möchte verstehen, worum es sich handelt."

„Was gibt es da zu verstehen? Er ist vom Fahrrad gefallen und hat sich den Kopf angeschlagen. Und jetzt kaum hat er ein Ding beim Namen genannt . . ."

„Geben Sie acht, Herr Professor", sagte Rinaldo. „Ich sage: Katze."

„Miau", machte es, und auf einem Stuhl nahe beim Ofen saß eine lebendige Katze.

„Hoppla!" sagte der Professor. „Ich verstehe!"

„Haben Sie so etwas schon erlebt? Seine Eltern sind noch dazu in Deutschland, und so eine Krankheit . . ."

„Was denn für eine Krankheit", protestierte Rinaldo. „Mir scheint das Ganze sehr bequem. Wenn ich Lust auf ein Pistazieneis habe . . ." Plumps! Und schon stand das Eis in einer Kristallschale bereit.

„Scheint mir großartig!" bemerkte der Professor. „Aber wo ist der Löffel?"

„Löffel", sagte Rinaldo, „und noch ein Eis und noch einen Löffel, damit wir jeder ein Eis haben. Willst du auch, Tante Rosa?"

Von Tante Rosa kam keine Antwort. Sie war ein zweites Mal in Ohnmacht gefallen.

SCHLUSS I

Nachdem Professor Meisterhaft gewissenhaft seine Eisschale ausgelöffelt hatte, nahm er die Unterhaltung wieder auf.

„Das heißt", sagte er, „unser Rinaldo ist also, unwichtig wie, vielleicht als Folge seines Sturzes vom Fahrrad, in den Besitz einer Macht gelangt. Einer ungewöhnlichen Übermacht, mit deren Hilfe er jedes erwünschte Objekt herbeischaffen kann, indem er es einfach beim Namen nennt."

„Du guter Himmel!" tönte es entsetzt von Tante Rosa.

„Jawohl, Frau Rosa", setzte der Professor fort, „guter Himmel und das Paradies für Sie auf Erden, von nun ab."

„Wie meinen Sie das?"

„Wie ich das meine? Sehr einfach: Rinaldo wird sagen: Eine Milliarde, und Sie werden Milliardärin sein. Er wird sagen: Villa mit Schwimmbecken, und alles wird für den Frühsport bereitstehen. Er wird sagen: Auto mit Chauffeur, und Sie werden reisen können. Seine Eltern werden nicht mehr ins Ausland fahren müssen, um Arbeit zu suchen. Und vielleicht wird sich Rinaldo auch an den alten Freund, den Professor, erinnern und für ihn sagen ... Warte, warte, nichts sagen ... Hund, das sollst du sagen, Dackel, einen schönen, nicht zu jung, nicht zu alt ... der wird mein Freund sein. Es gefällt mir nämlich gar nicht, immer allein zu Hause zu sein."

„Dackel! Wie gewünscht!" sagte Rinaldo.

Ein Dackel bellte freudig erregt und sprang an den Hosen des Professors herauf, dem vor Dankbarkeit die Augen voller Tränen standen.

SCHLUSS II

Um es kurz zu machen, der Professor erklärte, was geschehen war.

„Und ich rate euch", sagte er dann, „sprecht mit niemandem darüber. Das Leben Rinaldos ist in Gefahr."

„Heilige Mutter Gottes, und warum?"

„Ganz klar, warum. Die Macht, über die er verfügt, kann die Quelle unermeßlichen Reichtums sein. Wenn sich das herumspricht, wer weiß, wie viele Bösewichte sich dann bemühen werden, Rinaldo in ihre Gewalt zu bekommen, um von seinem Talent zu profitieren."

„Heilige Mutter Gottes, hab Erbarmen!"

Tante und Neffe schworen, kein Sterbenswörtchen zu verraten. Der Professor verabschiedete sich und sagte: „Morgen werden wir weitere Beschlüsse fassen."

„Auf morgen!"

Nun muß man aber wissen, daß dieser Professor Meisterhaft ein Doppelleben führte: tagsüber war er ein pensionierter Professor und nachts der Chef einer Räuberbande, die in ganz Europa Banken knackte. Professor Meisterhaft telefonierte mit seinen Männern und ließ Rinaldo entführen. Dann verlangte er von ihm, das Wort „Gold" so oft zu sprechen, bis zehn Lastwagen mit Anhängern voll Gold waren. Dann sprang er auf den ersten Lastwagen, hupte, und fort war er. Niemand hat ihn je wieder gesehen.

Inzwischen hatte sich Rinaldo derart angestrengt, immer das Wort „Gold“ zu wiederholen, daß er ganz heiser wurde und nicht mehr sprechen konnte. Als seine Stimme wiederkam, war seine Gabe verschwunden. Tante Rosa aber hatte auch einen kleinen Gewinn. Sie konnte nämlich alle Fahrräder, Wecker, Wassermelonen und Stiefel verkaufen.

SCHLUSS III

Als Rinaldo das Eis aufgegessen hatte, bestellte er sich noch eines. Er tat das aber in solcher Eile, daß ihm das Eis auf den Kopf fiel, anstatt langsam auf den Tisch herunterzukommen. Kein Unglück, wenn es nur das Eis gewesen wäre. Aber da war noch die Kristallschale. Die prallte genau auf die Beule, die sich Rinaldo bei seinem Sturz zugezogen hatte. Und dieser Aufprall war fatal. Von diesem Moment an hätte sich Rinaldo die Lunge ausschreien und alle möglichen Dinge beim Namen nennen können — nichts zeigte sich mehr. Weder ein Auto noch eine gebratene Kartoffel.

Der ring des hirten

War einmal ein Hirt, der seine Schafe auf den Feldern in der Nähe Roms weidete. Abends führte er seine Herde in den Stall, aß ein Stückchen Brot und Käse, streckte sich auf seinem Strohsack aus und schlief ein. Tagsüber, ob Sonne oder Sturm, ob Regen oder Wind, war er mit den Schafen und dem Hund im Freien. Monatelang war er von zu Hause fort. Das Hirtenleben ist hart.

Eines Nachts, als er sich gerade hinlegen wollte, hörte er eine Stimme, die nach ihm rief: „Hirt! Hirt!"

„Wer ist da? Wer ruft mich?"

„Ein Freund, Hirt, ein Freund!"

„Eigentlich habe ich außer meinem Hund keine Freunde. Wer seid Ihr?"

„Nur ein Wanderer. Ich bin den ganzen Tag auf den Beinen, und morgen muß ich weiterwandern. Ich bin arm und hab kein Geld für die Eisenbahn. Ich bin hungrig. Ich dachte, daß du vielleicht . . ."

„Tretet ein, setzt Euch. Ich hab nichts anderes als Brot und Käse. Aber ich habe genug Milch zu trinken. Wenn Euch das genügt, bedient Euch!"

„Danke, du bist sehr gütig. Der Käse schmeckt gut. Hast du ihn selbst gemacht?"

„Mit meinen eigenen Händen. Das Brot ist ein bißchen alt, erst morgen bekomme ich frisches. Wenn es nur schon morgen abend wäre . . ."

„Mach dir nichts draus, auch dieses Brot ist köstlich. Wenn man Hunger hat, ist altes Brot heute besser als frisches Brot morgen . . .“

„Ich sehe, Ihr kennt Euch in Fragen des Magens gut aus.“

Der Wanderer aß und trank. Dann überließ ihm der Hirt die Hälfte seines Strohsackes zum Ausruhen. Am nächsten Tag standen sie gemeinsam mit der ersten Morgendämmerung auf.

„Ich danke dir nochmals, Hirt.“

„Nicht der Rede wert. Das bißchen Stroh . . .“

„Ich habe besser geschlafen als in einem Bett mit einem Dutzend Matratzen.“

„Ich sehe, auch mit harten Betten kommt Ihr gut aus.“

„Ich habe so gut geschlafen“, wiederholte der Wanderer, „daß ich dir ein kleines Andenken geben möchte.“

„Ein Andenken? Aber das ist doch . . . das ist doch ein Ring?“

„Das ist nur ein kleiner Eisenring, ohne jeden Wert. Ein kleines Andenken, wie ich dir gesagt habe. Aber gib acht, daß du ihn nicht verlierst.“

„Ich werde ihn nicht verlieren.“

„Er könnte dir eines Tages nützlich sein.“

„Wenn Ihr es sagt . . .“

Der Wanderer grüßte und ging. Der Hirt steckte den Ring in die Tasche und dachte nicht mehr daran.

In dieser Nacht kamen zwei bis an die Zähne bewaffnete Räuber in seinen Stall. Es war eine Gegend, in der sich schon früher Gesindel herumgetrieben hatte.

„Töte ein Lamm“, befahlen sie dem Hirten, „und röste es am Spieß!“

Es hätte keinen Sinn gehabt, solchen Kerlen nicht zu gehorchen.

„Salzen! Nicht zuviel und nicht zuwenig.“

Ohne auch nur ein Wort zu reden, salzte der Hirt das Fleisch. Zum Glück schien den Räubern die Mahlzeit zu schmecken. Nach einer Weile sagte der Räuber, der die Befehle erteilt hatte und wie der Anführer aussah: „Ich weiß nicht, was du als Hirt taugst, aber als Koch stellst du deinen Mann!“

„Man tut, was man kann“, sagte der Hirt.

„Richtig! Und was kannst du? Kochen! Und du hast gekocht. Und wir, was können wir? Essen. Und deshalb essen wir jetzt. Das übrige erfährst du später.“

„Das übrige? Das verstehe ich nicht.“

„Du wirst es schon verstehen, Hirt. Dein Pech ist, daß du unsere Gesichter gesehen hast.“

„Warum soll das mein Pech sein?“ meinte der Hirt, als ob er sagen wollte: Gebt nicht so an! Ihr seid ja gar nicht so wild. Aber der Räuber erklärte ihm, warum es sein Pech war.

„Mein Lieber, wenn du ins Dorf zurückkommst und von uns erzählst, könnten die Dinge einen schlechten Lauf nehmen, meinst du nicht? Du könntest uns den Gendarmen beschreiben: Ein Alter mit einem Auge und ein Junger mit einer Warze auf der Nase.“

„Aber der hat doch keine Warze auf der Nase.“

„Ich sage das nur so. Jedenfalls bist du für uns jetzt eine Gefahr. Aber keine Angst! Wir graben dir ein schönes Grab und pflanzen Blumen darauf.“

„Ein Grab? Aber ... was wollt Ihr denn mit mir machen?"

„Kindskopf! Willst du vielleicht lebendig begraben werden?"

„Ihr wollt mich töten?"

„Es dauert aber lange, bis dir was eingeht, Hirt! Wir müssen! Übrigens ist das eine Angelegenheit von einer Minute, sogar von einer Sekunde. Es ist doch viel einfacher zu sterben als zu leben. Wir werden das rasch erledigen ... Hallo, Hirt ... Hallo, wo bist du? Wo hast du dich versteckt? Los, Freund! Du suchst ihn auf dieser Seite und ich auf der anderen. Hirt! Komm hervor! Es war nur ein Scherz. Niemand will dich töten! Komm! Schluß jetzt mit dem Versteckenspielen! ... Hirt!"

Was war geschehen? Während der Drohungen hatte der Hirt eine Hand in die Tasche gesteckt und, ohne an etwas zu denken, den Eisenring berührt. Im gleichen Augenblick war er unsichtbar geworden. Er war zwar anwesend und saß am Feuer, aber die Räuber konnten ihn nicht sehen. Sie riefen ihn und suchten ihn mit der Waffe in der Hand, um ihn sofort umzubringen. Aber der Hirt rührte sich nicht. Er hatte viel zuviel Angst, auch nur eine kleine Bewegung zu machen. Nicht einmal zu atmen wagte er.

SCHLUSS I

Schließlich wurden die Räuber müde, den Hirten zu suchen, und kehrten auf den Berg Tolfa zurück, wo sie ihren Unterschlupf hatten. Der Hirt überließ die

Herde dem Hund. Er wußte, daß sie bei ihm in guter Obhut war, und folgte aufmerksam den Räubern, ohne auch nur einen Laut von sich zu geben. Manchmal knisterte ein trockenes Blatt unter seiner Sohle, oder ein Stein sprang auf seinen Weg. Die Räuber blieben stehen und schauten sich erschrocken um. Aber da sie niemanden und nichts sahen, nahmen sie seufzend ihren Weg wieder auf.

„Merkwürdig", murmelte der Anführer, „ich habe ununterbrochen den Eindruck, daß uns jemand verfolgt."

Der andere nickte mit dem Kopf.

„Aber es ist ja niemand da", fügte der Anführer hinzu.

Der andere schüttelte den Kopf. Er hatte es sich zur Regel gemacht, dem Anführer niemals zu widersprechen.

Der Hirt folgte ihnen in den Wald und folgte ihnen auf den Berg, bis zu der Höhle, wo sie vom Rest der Bande erwartet wurden. Er hörte alles, was sie redeten, denn er stand so nahe bei ihnen, daß sie ihn fast berührten. Bevor ihn aber eine Hand oder ein Arm erreichte, trat er beiseite. Dann standen die Räuber auf, nahmen ihre Waffen und gingen weg. Zu einem Überfall auf einen Eisenbahnzug. Der Hirt blieb allein zurück. Er untersuchte die Höhle genau, hob jeden Stein auf und sah unter die Strohsäcke. Schließlich fand er unter einer Falltüre, die von einem Wolfsfell verdeckt war, das, was er suchte: einen Schatz. Die Beute vieler Raubzüge. Eine Menge Gold, Juwelen und viel, viel Geld. Er stopfte sich seinen Sack voll, breitete seinen Mantel auf die Erde und füllte auch ihn mit Wertsachen an. Den Rückweg trat er mit gekrümmtem Rücken an. So schwer war seine Last. Aber glaubt ja nicht, daß er zu seinen Schafen und seinem Hund zurückkehrte. Was sollte er auch jetzt mit einer einzigen Herde anfangen, wo er mit seinem Reichtum hätte Hunderte kaufen können, wenn er nur gewollt hätte. Den Weg zur Stadt schlug er ein, jawohl, zur Stadt. Und während er ausschritt, sang er für sich: „Ein Hirt, doch reich wie ein König — so komm' ich glücklich zu dir, schöne Stadt, schönes Rom!"

SCHLUSS II

Als die Räuber, müde vom vergeblichen Suchen, endlich gegangen waren, küßte der Hirt seinen Ring, der ihn in letzter Minute gerettet hatte. Durch den Kuß wurde er wieder sichtbar. Er bemerkte es nur deshalb, weil der Hund, der bis jetzt zu schlafen schien, auf die Beine sprang und freudig bellte.

„Braver Hund", sagte der Hirt. „Du hast also auch verstanden, daß uns ein großes Glück in den Schoß gefallen ist? Ja, so ist das, mein Freund, Schluß mit dem ruhelosen Leben, wir verabschieden uns von den langweiligen Schafen. Weißt du, woran ich gedacht habe? Ich möchte Detektiv werden, Privatpolizist. Wenn ich mich meiner Unsichtbarkeit richtig bediene, werde ich jedes Verbrechen aufklären können, ohne aufzufallen. Ich werde in den Häusern der Übeltäter ein- und ausgehen, Beweise sammeln, mit einer Kamera Schnappschüsse machen und so weiter. Die schlauesten Banditen werde ich in Verwirrung bringen. Die geschicktesten Fälscher und Gauner überlisten. In ganz Italien werde ich berühmt werden. Vielleicht sogar in England."

Und so war es auch. In halb Europa sprachen die Zeitungen einige Monate später von nichts anderem als von den Taten dessen, den sie den „König der Detektive" getauft hatten. Er selbst hatte sich den Titel Doktor Unsichtbar zugelegt.

SCHLUSS III

Der Hirt freute sich mächtig über seine Gabe.

„Gesegnet sei dieser Ring", sagte er „und der, der ihn mir geschenkt hat."

Aber von diesem Augenblick an fand er keine Ruhe mehr. Er hatte Angst, den Ring zu verlieren.

In der Tasche kann ich ihn nicht lassen, überlegte er, denn wenn ich das Taschentuch herausnehme, lasse ich ihn fallen, und dann — Gute Nacht. Soll ich ihn verstecken? Aber wo? Dort, in dem Baum, wo der Spalt ist . . .

Und das tat er auch. Dann führte er die Schafe auf die Weide und träumte davon, was er mit dem Zauberring alles machen könnte. Lauter schöne Träume, und es mußten Träume bleiben.

Denn inzwischen wurde der Ring von einer Elster gefunden, die ihn in ihr Versteck trug, und wer weiß, wo das war. Anstelle eines unsichtbaren Hirten gab es nun einen unsichtbaren Ring, den niemand mehr finden konnte.

Taxifahrt zu den Sternen

Eines Abends fuhr der Taxichauffeur Peppino Compagnoni aus Mailand ganz gemütlich seinen Wagen zur Garage nahe der Porta Genova. Er hatte seinen Dienst beendet und war nicht ganz zufrieden mit seinem Arbeitstag, weil er nur wenige Fahrten gehabt hatte, mehrere launenhafte Gäste, darunter auch eine Dame, die ihn vierzig Minuten vor einem Geschäft warten ließ, wofür ihm ein Polizist noch eine Ordnungsstrafe aufbrummte. Deshalb hielt er nun noch Ausschau nach den Passanten. Tatsächlich, da machte ihm ein Herr ein Zeichen: „Taxi! Taxi!"

„Steigen Sie nur ein, Signor." Peppino Compagnoni hatte angehalten. „Mein Dienst ist eigentlich zu Ende, ich fahre in Richtung Porta Genova. Ist Ihnen das recht?"

„Fahren Sie, wohin Sie wollen, aber rasch!"

„Hören Sie, wir fahren natürlich dorthin, wohin Sie wollen. Das fehlte gerade noch! Es soll nur nicht weit weg von meinem Ziel sein."

„Vorwärts! Fahren Sie endlich. Immer geradeaus!"

„Einverstanden, mein Herr!"

Peppino Compagnoni drückte auf das Gaspedal und fuhr los. Aber gleichzeitig schaute er in den Rückspiegel und betrachtete seinen Kunden. Komischer Kerl das! ‚Fahren Sie, wohin Sie wollen, aber rasch!' Das Gesicht konnte man nur schwer sehen, denn es war vom Kragen und der Hutkrempe zur Hälfte bedeckt. Am Ende ein Verbrecher, dachte Peppino. Ich werde einmal schauen, ob jemand hinten nachfährt ... Nein, niemand. Weder Gepäck noch Aktentasche. Nur ein kleines Päckchen. So, jetzt öffnet er es. Was ist denn da drin? Was könnte das nur sein? Sieht aus wie Schokolade. Ja, wie blaue Schokolade. Hat man schon so etwas gesehen? Blaue Schokolade? Aber er steckt sie in den Mund! Na, über Geschmack kann man streiten. Nur Geduld, Peppino, wir sind schon fast angekommen ...

„Aber ... was ist denn? ... Aber, was soll das heißen? Was ist denn los? Sie, was treiben Sie denn?“

„Kümmern Sie sich nicht darum, fahren Sie nur geradeaus!“ antwortete der Kunde mit schneidender Stimme.

„Aber wohin geradeaus? Hier gibt es weder vorwärts noch rückwärts. Bemerken Sie denn nicht, daß wir fliegen? Hilfe! ...“ Peppino mußte ausweichen, um die Fernsehantenne auf einem Wolkenkratzer nicht anzufahren. Und dann begann er wieder zu protestieren:

„Was haben Sie sich denn da in den Kopf gesetzt? Was ist das für eine Teufelei?“

„Keine Angst, es wird nichts passieren!“

„Was heißt, nichts passieren? Ein Taxi, das in der Luft fliegt! Als ob das jeden Tag vorkäme. Heiliger Strohsack! Schauen Sie nur! Wir sind über dem Dom von Mailand! Wenn wir jetzt hinunterfallen, werden wir von einem der Türme aufgespießt! Und dann dankeschön! Aber kann man vielleicht erfahren, was für ein Scherz das Ganze sein soll?“

„Sie sollten schon bemerkt haben, daß das kein

Scherz ist“, antwortete der Passagier, „wir fliegen! Na und?“

„Was heißt — na und? Mein Taxi ist doch keine Rakete!“

„Denken Sie daran, daß Sie in diesem Augenblick ein Weltraumtaxi steuern!“

„Was heißt Weltraum? Ich habe nicht einmal eine Lizenz als Pilot! Ihretwegen wird mir noch eine saftige Strafe aufgebrummt werden, bestimmt. Und können Sie mir eigentlich erklären, wieso wir fliegen?“

„Ganz einfach. Sehen Sie diese blaue Substanz?“

„Hab ich schon gesehen, ich hab auch gesehen, daß Sie ein Stück davon gegessen haben.“

„Ja, man muß ein Stück verschlucken, um es in Funktion zu setzen. Das ist ein Motor, der gegen die Anziehungskraft der Erde wirkt. Man erreicht mit ihm die Mondgeschwindigkeit plus einen Meter.“

„Schön und gut. Aber ich möchte nach Hause. Ich wohne bei der Porta Genova und nicht auf dem Mond.“

„Wir kommen überhaupt nicht auf den Mond.“

„So? Und wohin fahren wir?“

„Auf den siebenten Planeten der Aldebaran-Konstellation. Dort wohne ich.“

„Viel Vergnügen! Aber ich wohne auf der Erde.“

„Hören Sie mir einmal zu. Ich bin kein Erdbewohner. Ich bin ein Aldebarianer. Schauen Sie her.“

„Wohin soll ich schauen?“

„Hier, sehen Sie das dritte Auge?“

„Gottseibeiuns! Tatsächlich! Sie haben drei Augen!“

„Schauen Sie meine Hände an. Wie viele Finger habe ich?“

„Eins, zwei, drei . . . sechs . . . zwölf! Zwölf Finger pro Hand?"

„Zwölf. Sind Sie jetzt überzeugt? Ich hatte einen Auftrag auf der Erde. Ich mußte nachsehen, wie die Dinge bei euch stehen, und jetzt kehre ich zurück auf meinen Planeten, um Bericht zu erstatten."

„Bravo! Das ist Ihre Pflicht. Jeder hat Pflichten. Aber ich? Wie komme ich wieder nach Hause?"

„Ich werde Ihnen ein Stückchen von dieser Sache da zum Kauen geben, und Sie werden in einer Minute in Mailand sein!"

„Aber wozu haben Sie ein Taxi gebraucht?"

„Ich habe ein Taxi genommen, weil ich sitzend reisen wollte. Genügt Ihnen die Antwort? Da, sehen Sie, wir landen gleich."

„Welche von diesen Kugeln da ist Ihr Planet?"

Aber „diese Kugel" verwandelte sich in wenigen Sekunden in einen riesigen Globus, auf dessen Oberfläche das Taxi des Peppino Compagnoni mit gewaltiger Geschwindigkeit zusteuerte.

„Mehr links!" befahl der Passagier, „wir halten auf diesem Platz."

„Ein Glück, daß Sie einen Platz sehen, ich sehe nur eine Wiese."

„Auf meinem Planeten gibt es keine Wiesen."

„Also dann sieht man einen grün angestrichenen Platz."

„Mmmhh . . . tiefer, noch ein bißchen tiefer. Auf nach Aldebaran!"

„Was habe ich gesagt? Nun, sehen Sie selbst, daß es Gras ist. Und was ist das da?"

TAXI

„Wovon sprechen Sie?“

„Von dieser Art Riesenhühnern, die mit Pfeil und Bogen auf dem Rücken herumlaufen!“

„Pfeil? Bogen? Riesenhühner? Das alles gibt es auf meinem Planeten nicht.“

„Nein? Wissen Sie, was ich Ihnen jetzt sagen werde?“

„Ruhe! Ich weiß. Wir haben uns in der Straße geirrt. Lassen Sie mich einen Moment nachdenken.“

„Denken Sie rascher! Diese Kerle kommen ja schon! Ziippp! Haben Sie das gehört? Das war ein Pfeil! Schnell, Herr Aldebariano, wachen Sie auf! Essen Sie von der blauen Schokolade, verschwinden wir von hier! Peppino Compagnoni möchte seine Haut ohne ein Loch nach Mailand bringen, verstanden?“

Aldebariano beeilte sich, in die geheimnisvolle Masse zu beißen, die Peppino Compagnoni als blaue Schokolade bezeichnet hatte.

„Schnell! Schlucken Sie, schlucken Sie, ohne zu kauen, damit es rascher wirkt!“ schrie der Taxichauffeur.

SCHLUSS I

Kaum hatte der Chauffeur die Fahrt wieder aufgenommen, als ein Pfeil einen der vorderen Reifen traf. Mit einem langen Piiif blies er seine Luft aus.

„Haben Sie das gehört? Futsch!“ schrie Peppino Compagnoni auf. „Sie können sicher sein, daß ich den Reifen auf die Rechnung schreibe.“

„Ich zahle, ich zahle alles“, rief Aldebariano.

„Haben Sie jetzt die richtige Menge genommen? Am Ende landen wir noch auf einem wilden Planeten?“

Leider hatte der Aldebarianer in der Eile die Dosis wieder nicht genau abmessen können. Das Kosmostaxi mußte eine Weile links und rechts von der Milchstraße im Zickzack fahren, bevor es den Planeten des Aldebarianers finden konnte. Aber als sie dann ankamen, war es dort schön und die Aldebarianer so freundlich und das blaue Risotto — eine Spezialität dieser Gegend — so schmackhaft, daß es Peppino Compagnoni gar nicht mehr eilig hatte, nach Mailand zurückzukehren. Er blieb vierzehn Tage und erlebte ein Wunder nach dem andern. Er machte sich über alles Notizen, und als er dann wieder zur Erde zurückkehrte, gab er ein Buch heraus mit zweihundert Fotografien, das in siebenundneunzig Sprachen übersetzt wurde und ihm den Nobelpreis einbrachte. Heute ist Peppino Compagnoni der berühmteste Taxi-Schriftsteller-Forscher des Sonnensystems.

SCHLUSS II

Das Taxi fuhr ab, und da es geschwinder als die abgeschossenen Pfeile war, befanden sie sich bald außer Gefahr.

„Wie mir scheint", bemerkte Peppino, „dürfte es im Weltraum auch für Sie nicht ganz einfach sein?"

„Halten Sie sich ans Chauffieren", brummte der Aldebarianer, „das Denken überlassen Sie mir."

„Bravo! Nur versuchen Sie, bitte, richtig zu denken!"

Einige Minuten lang flogen sie mit der Geschwindigkeit des Mondes — plus einen Meter — und überwanden unvorstellbare Entfernungen. Und am Ende der Reise befanden Sie sich ... in Mailand auf dem Domplatz!

„Verflucht! Ich habe mich wieder geirrt!“ schrie der Aldebarianer und raufte sich mit seinen vierundzwanzig Fingern die Haare. „Fahren wir!“

„Nein danke!“ sagte der Chauffeur energisch und sprang aus dem Auto. „Ich fühle mich hier wohl. Wenn Sie wollen, behalten Sie das Auto, aber bevor Sie mir das antun, bedenken Sie, daß ich nur die vier Räder habe, um meine Kinder zu ernähren.“

„Nur mit der Ruhe!“ brummte der Aldebarianer, „ich werde zu Fuß gehen.“

Er stieg aus dem Auto, biß in die „blaue Schokolade“ und verschwand.

Und Peppino Compagnoni mußte schnell in einem Gasthaus einen Schnaps trinken, um seinen Schrecken hinunterzuspülen. Erst dann ging er nach Hause.

SCHLUSS III

Es wäre zu lang, ihn zu erzählen. Ich gebe euch nur ein paar Hinweise. Der Chauffeur und der Aldebarianer wurden von den Riesenhühnern gefangen. Das Gefängnis war ein Ei. Sie flüchteten mit dem Ei. Der Aldebarianer landete auf seinem Planeten, und Peppino Compagnoni kehrte mit dem fliegenden Ei und einem großen Vorrat an „blauer Schokolade“ nach Mailand zurück. Er eröffnete ein „kosmisches Reisebüro“ mit einer Autobuslinie Erde—Mars—Saturn und zurück. Außerdem züchtete er Hühner, die zwar ganz kleine, für eine Omelette aber unübertreffliche Eier legten.

Tinos Krankheit

Es war einmal ein Direktor. Er hieß Bianchi und arbeitete in einer Bank. Er war verheiratet mit Frau Rosalinde. Sie hatten ein Kind, das erst einige Monate alt war. Ein schönes Baby, mit lebhaften und klugen Augen und einem schwarzen Wuschelkopf. Mit einem Wort, ein wirklich schönes Kind.

Das Kind war ein Junge und hieß Giovanni Battista. Da aber ein solcher Name für ein kleines Kind zu lang war, nannten ihn seine Eltern Tino. Nach seinem ersten Geburtstag kam der zweite. Doch bevor der dritte Geburtstag kam, zeigten sich bei Tino die ersten Anzeichen einer ungewöhnlichen Krankheit.

Eines Tages, als Frau Rosalinde von ihren Einkäufen zurückkam, sah sie, wie Tino zusammengekauert auf einem Teppich ganz in sich versunken mit einem Gummipferd spielte. Plötzlich krampfte sich Frau Rosalindes Herz zusammen: Ist das Tino? Mein Tino? Tino schien ihr auf einmal so klein und zusammengeschrumpft, viel kleiner als vorhin, da sie ihn verlassen hatte. Sie lief auf ihn zu, nahm ihn in ihre Arme, rief seinen Namen und streichelte ihn.

Zum Glück hatte sie sich geirrt! Tino war der gleiche wie immer. Sein Gewicht hatte sich nicht verändert, auch nicht sein Körper und auch nicht sein lebhaftes Temperament. Als er nun wieder zu spielen begann, schleuderte er energisch das Gummipferd zu Boden.

Eines Tages ließen Direktor Bianchi und Frau Rosalinde ihren Tino nur einen Augenblick allein im Salon. Als sie zurückkamen, stießen sie gleichzeitig einen Schrei aus.

„Tino!"

„Tino!"

Das Bübchen hob die Augen und lächelte. Rosalinde seufzte erleichtert: „Heilige Mutter Gottes, diese Angst!"

„Wem sagst du das?"

„Mir schien plötzlich, daß ... ich weiß nicht ... als ob Tino magerer ... als ob er viel kleiner geworden wäre ..."

„Eine Minute lang ist er mir wie ein Baby vorgekommen."

„Was ist uns da zugestoßen?"

„Merkwürdig, daß wir beide ..."

„Offen gestanden, mir ist das schon einmal passiert. Ich kam vom Markt zurück und sah ihn in dieser Ecke da. Er schien so klein, so winzig klein ..."

An diesem Tag beruhigten sich Direktor Bianchi und Frau Rosalinde. Aber dann passierte diese ungeheuerliche Sache noch einmal und noch einmal. Natürlich beschlossen sie dann, mit Tino zum Arzt zu gehen. Der Arzt untersuchte Tino, nahm Maß, prüfte sein Gewicht, ließ ihn dreiunddreißig sagen, befahl ihm zu husten, nahm einen Löffel, untersuchte seinen Hals und meinte dann: „Mir scheint er ein gut geratenes Kind zu sein. Gesund, kräftig, alles am richtigen Platz."

„Aber wieso, Doktor?"

„Wieso, wieso! Machen wir halt einen Versuch. Wir

gehen alle drei hinaus, lassen ihn einen Moment allein und werden sehen, was dann passiert."

Sie verließen die Ordination und horchten hinter der Tür. Keinerlei Geräusch. Tino weinte nicht, bewegte sich nicht, gab auch kein Zeichen seiner Anwesenheit.

Als sie wieder eintraten, bemerkten sie alle drei das gleiche: Tino war kleiner geworden, ganz klein, winzig klein ... Aber nur wenige Sekunden. Kaum hatte Tino den Papa, die Mama und den Doktor gesehen, wurde er sofort, was er vorher war: ein schönes Kind, gesund, stark und für sein Alter auch genügend groß.

Der Arzt sagte: „Jetzt verstehe ich. Aber in diesem Fall handelt es sich um keine echte Krankheit, sondern um einen sehr seltenen Fall. So etwas gab es bisher nur einmal, und zwar in Amerika, vor hundert Jahren."

„Und worum handelt es sich?" fragte Direktor Bianchi.

„Gefährlich?" drängte Frau Rosalinde.

„Ich würde sagen, nicht eigentlich gefährlich. Das ist so eine Sache ...", murmelte der Doktor.

„Was für eine Sache?"

„Sagen Sie es doch, Doktor, lassen Sie uns nicht im Zweifel ..."

„Nur die Ruhe bewahren, meine Herrschaften", meinte der Arzt. „Es gibt keinen wirklichen Grund zur Beunruhigung. Dieses Kind darf nicht allein gelassen werden. Wenn es allein bleibt, wird es klein. Das ist alles. Es braucht Gesellschaft. Haben Sie mich verstanden?"

„Aber wir lassen das Kind doch nie allein."

„Zumindest fast nie . . .“

„Verstehe, verstehe. Aber es handelt sich um etwas anderes. Dieses Kind braucht Kinder seines Alters um sich. Haben Sie mich verstanden? Ein Brüderchen, Freunde. Schicken Sie es in den Kindergarten, verschaffen Sie ihm Spielkameraden, haben Sie mich verstanden?“

„Ja, Herr Doktor.“

„Danke, Herr Doktor. Und wird das immer so sein?“

„Was wollen Sie damit sagen, verehrte Frau Bianchi?“

„Ich möchte wissen, ob er auch als Erwachsener immer mit anderen zusammen sein muß, damit er nicht wieder klein, winzig klein wird?“

„Das wird sich zeigen“, sagte der Arzt und hob die Arme zum Himmel. „Aber wenn es so ist, wäre das ein so großes Unglück?“

Direktor Bianchi und Frau Rosalinde trugen den kleinen Tino nach Hause, der, wie ich schon früher sagte, jetzt gar nicht mehr so klein war. Von jetzt ab gaben sie noch mehr auf ihn acht als vorher. Tino bekam ein Brüderchen, ging in den Kindergarten und entwickelte sich prächtig auf allen Gebieten, das heißt, er wurde groß, intelligent und fleißig. Er war ein braver Junge, und alle hatten ihn gern: er suchte nie Streit, im Gegenteil, wenn jemand stritt, dann versöhnte er die Streitenden. Dann wurde er ein junger Mann und ging auf die Universität . . .

Einmal, als er bereits zwanzig Jahre alt war, saß er in seinem Zimmer und lernte. Zufällig war er gerade allein, sonst kam nämlich immer ein Freund, der mit ihm studierte ... Direktor Bianchi und Frau Rosalinde hatten den gleichen Gedanken.

„Sollen wir nachsehen?“

„Ich weiß nicht; es sind doch jetzt so viele Jahre vergangen ...“

„Sehen wir trotzdem nach, ich möchte wissen, ob er noch ...“ Einer nach dem anderen stellte sich auf die Zehenspitzen und schaute gespannt durch das Schlüsselloch.

SCHLUSS I

Nachdem sie durchs Schlüsselloch geschaut hatten, fielen sich die Eheleute Bianchi um den Hals und brachen in Tränen aus.

„Armer Tino!“

„Unser armer Sohn!“

„Er ist nicht geheilt, er wird nie ganz gesund sein!“

Tatsächlich! Tino war mit einem Schlag wieder so klein wie als Junge von drei bis vier Jahren. Er hatte zwar noch das Gesicht eines jungen Mannes, lange Hosen und eine grüne Wolljacke, aber seine Gestalt war die eines Zwerges.

„Da nützt eben nichts, man darf ihn nicht eine Minute allein lassen“, seufzte der Direktor.

„Da nützt eben nichts“, schluchzte Frau Rosalinde, „vielleicht war es unsere Schuld. Wir haben ihm nicht genügend Vitamine gegeben.“

„Was soll man tun?“ fragten sie den Arzt per Telefon, um rascher eine Antwort zu erhalten.

„Aber, aber, kein Grund zur Verzweiflung", antwortete der Arzt.

„Da gibt es nur ein Mittel: verheiraten Sie ihn mit einem braven Mädchen. Da wird er dann Kinder haben, die ihn keine Minute in Ruhe lassen, und damit ist er keinerlei Gefahr mehr ausgesetzt."

„Aber natürlich!" rief Direktor Bianchi ganz glücklich aus.

„Das ist es!" jubelte Frau Rosalinde. „Daran hätten wir auch selber denken können."

SCHLUSS II

Nachdem sie durchs Schlüsselloch geschaut hatten, fielen sich die Eheleute Bianchi um den Hals und weinten vor Freude.

„Wunderschön!"

„Wunderbar!"

„Er ist wie immer!"

„Endlich ist er geheilt!"

Tatsächlich, Tino war nicht einen Zentimeter, nicht einen Millimeter kleiner geworden und saß in aller Ruhe über seinen Büchern, ohne auch nur im entferntesten zu ahnen, was seine Eltern hinter der Türe durchstanden.

Er hatte jetzt viele Freunde, und er hatte viele Interessen, die ihn mit dem Leben verbanden, er hatte viele Vorsätze und viele Pläne und eine große Lust zur Arbeit.

Einer, der all das in sich fühlt, kann nie wirklich allein sein, auch wenn niemand bei ihm ist.

SCHLUSS III

Nachdem Direktor Bianchi und Frau Rosalinde, einer nach dem anderen durch das Schlüsselloch geschaut hatten, verharrten sie mit aufgerissenen Augen sprachlos ungefähr siebzig Sekunden.

„Also so was!"

„Wer hätte das gedacht?"

„Rosalinde, sei so lieb, und mach mir einen guten, starken Kaffee, den brauch ich jetzt dringend."

„Ja, ja, mir wird er auch gut tun. Na so was ..."

„So was hat die Welt noch nicht gesehen!"

Was war es, was die beiden gesehen hatten?

Sie sahen ihren Tino doppelt so groß wie vorher. Er mußte sich sogar ein bißchen beugen, um nicht mit dem Kopf an der Decke anzustoßen. Seine Arme und Beine waren so lang wie die Beine einer Giraffe. Er selbst aber schien nichts davon zu bemerken. Er lernte weiter und machte fleißig Notizen mit seinem Bleistift, der in seiner Riesenhand wie ein Zahnstocher aussah.

„Jetzt hat er die entgegengesetzte Krankheit", seufzte Direktor Bianchi und blies auf seinen heißen Kaffee.

Und Frau Rosalinde kam zu dem Schluß, daß ihr Sohn ein wirkliches Wunder sei. Und darin unterschied sie sich nicht von anderen Müttern.

Abenteuer mit dem Fernsehgerät

Eines Abends kam Herr Doktor Verucci von der Arbeit nach Hause. Dieser Doktor Verucci war ein Angestellter, vielleicht bei der Post. Er könnte aber auch ein Zahnarzt sein. Wir können aus ihm machen, was wir wollen. Geben wir ihm einen Schnauzbart? Einen Vollbart? Einverstanden, einen Schnurrbart und einen Vollbart. Versuchen wir noch, uns vorzustellen, wie er angezogen ist, wie er geht, wie er spricht. Jetzt spricht er gerade mit sich selbst. Hören wir ihm insgeheim zu.

„Zu Hause, endlich zu Hause ... Mein Heim, mein Heim, so klein du auch bist ... Nein, ich kann nicht mehr, ich bin sooo müde. Und dazu dieses Durcheinander, dieser Verkehr. So, jetzt bin ich zu Hause, ich schließe die Tür hinter mir zu. Meine Damen und Herren: Auf Wiedersehn. Alles hinaus ... Wenn ich die Tür meiner Wohnung schließe, hat die ganze Welt draußen zu bleiben. Wenigstens das kann ich mir leisten. So! Hier bin ich. Allein, endlich allein ... Herrlich! Erstens: weg mit der Krawatte. Zweitens: Hausschuhe. Drittens: Fernseher einschalten. Viertens: Lehnstuhl, Schemel unter die Füße, Zigarette ... So, jetzt ist es gut. Und vor allem — allein ... allei — ... Aber Sie, wer sind Sie? Wo kommen Sie her?"

Ein schönes Fräulein lächelte Doktor Verucci freundlich an. Einen Augenblick vorher war sie noch nicht da, und jetzt war sie da und richtete sich die

Halskette auf der Brust. „Erkennen Sie mich nicht, Herr Doktor? Ich bin die Ansagerin vom Fernsehen. Sie haben Ihr Gerät angedreht, und hier bin ich. Ich muß Ihnen die neuesten Nachrichten durchgeben ..."

Doktor Verucci protestierte: „Langsam, langsam! Sie sind nicht *im* Fernsehkasten, wohin Sie gehören, Sie sind in meiner Wohnung, auf meinem Sofa."

„Na und? Auch wenn ich im Fernsehkasten bin, bin ich in Ihrer Wohnung und spreche mit Ihnen ..."

„Aber wie kommen Sie hier herein? Ich habe gar nichts bemerkt ... Hören Sie, Sie werden sich doch nicht eingeschlichen haben, wie?"

„Machen Sie sich darüber keine Gedanken! Wollen Sie die Nachrichten jetzt hören oder nicht?"

Doktor Verucci fand sich damit ab: „Also ich verstehe das alles nicht, aber bitte! Fangen Sie an!"

Das schöne Fräulein räusperte sich und begann: „Also: In England wird die Jagd nach dem flüchtigen Räuber fortgesetzt, der aus dem Readinggefängnis entkommen ist. Der Polizeioberst erklärte, daß sich der Bandit in den Wäldern versteckt halte."

In diesem Moment hörte Doktor Verucci eine Stimme, die weder aus dem Fernsehapparat noch von der Ansagerin kam, sondern von einer nicht genau bestimmbaren Stelle hinter seinem Kopf. Die Stimme sagte: „Lauter Märchen!"

„Wer ist da?" Doktor Verucci sprang auf. „Wer hat da gesprochen?"

„Der Bandit natürlich, nicht wahr?" sagte die Ansagerin, ohne eine Miene zu verziehen. „Da schauen Sie, er war hinter Ihrem Sofa versteckt!"

„Lauter Märchen!“ wiederholte die Stimme, „wo ich mich verstecke, ist nicht Ihre Angelegenheit, und Sie haben es auch nicht anzusagen!“

Doktor Verucci fuhr in die Höhe und blickte in die Richtung, aus der die Stimme kam.

„Was erlauben Sie sich! Bewaffnet auch noch! Ein Bandit in meinem Haus! Ich werde verrückt!“

„Sie vergessen, daß Sie mich eingeladen haben“, sagte der Bandit und kam aus seinem Versteck hervor.

„Ich? Das ist gut, wirklich! Ich werde Banditen einladen, vielleicht noch auf ein Gläschen Wein . . .“

„Eine gute Idee, hätten Sie eines?“

„Was?“

„Ein Gläschen!“

„Er ist nicht nur ein Bandit, er ist auch noch unverschämt! Zunächst einmal: Ich kenne Sie nicht, und Sie sind gegen meinen Willen hier. Fräulein, Sie sind Zeuge!“

„Nein, Doktor Verucci“, sagte die Ansagerin, „das kann ich nicht so bezeugen, wie Sie sich das vorstellen. Sie haben doch den Fernsehapparat eingeschaltet?“

„Aha! Daher ist auch der Bandit . . .“

„Freilich! Auch er ist aus dem Fernseher in Ihre Wohnung gekommen, so wie ich.“

„Was ist jetzt los?“ sagte der Bandit. „Bieten Sie mir nun ein Glas an oder nicht?“

„Also gut“, fauchte Doktor Verucci, „machen Sie es sich nur bequem, ganz so, als ob Sie hier zu Hause wären. Ich habe jetzt kapiert, daß ich hier nichts zu reden habe. Es ist zwar meine Wohnung, und die Tür ist abgeschlossen, die Fenster sind verriegelt, aber die Leute kommen und gehen und machen, was sie wollen."

„Der braucht aber lang für ein Gläschen!" bemerkte der Bandit.

„Soll ich fortsetzen mit den Nachrichten?" fragte die Ansagerin.

„Warum nicht?" sagte Verucci. „Ich bin neugierig, wie diese Geschichte endet . . ."

Die Dame nahm wieder den unpersönlichen Ton einer Ansagerin auf und berichtete: „General Bolo, Kommandant der alpinen Truppen, hat erklärt, daß er demnächst die Offensive gegen die Republik Kosmopolia wieder aufnehmen wird und daß der Krieg nicht vor Weihnachten zu Ende sein wird."

„Das ist nicht exakt", sagte eine neue Stimme, und zugleich flog die Tür eines Kastens auf.

Doktor Verucci fuhr wieder in die Höhe.

„Was ist los? Ich beginne zu verstehen, Sie sind der General Bolo, nicht wahr? Und was haben Sie in meinem Kasten gemacht?"

„Nichts, was Sie interessieren könnte!" antwortete der General.

„Gut, aber ich möchte trotzdem selbst nachsehen", sagte Verucci und setzte seine Absicht sofort in die Tat um. „Bomben — Bomben in meinem Kasten! In meinem Kasten! Auf diese Weise werde ich noch in Ihren Krieg verwickelt, also möchte ich doch wissen . . ."

General Bolo lachte vergnügt: „Mein Beruf ist es, lieber Herr, Truppen zu befehligen und das Gebiet von Kosmopolia zu besetzen, aber nicht, Ihre Fragen zu beantworten. Ich wollte soeben dem Fräulein sagen, daß meine Erklärungen falsch verstanden worden sind.

Was ich sagte, war dies: Der Krieg ist noch vor Weihnachten zu Ende, weil ich alle Kosmopolianer vernichten werde, jeden einzelnen, und ihre Stadt werde ich in Staub und ihre Felder in Wüste verwandeln."

Das war ein Punkt, zu dem der Bandit etwas zu sagen hatte: „Hört, hört", sagte er, „was für eine freundliche Seele, und mich, mich armen, kleinen Banditen, jagen sie durch ganz England. Ich möchte gerne wissen, wer da der wirkliche Bandit ist, Sie oder ich ..."

„Und ich", donnerte Doktor Verucci, „möchte wissen, wann ihr alle endlich verschwindet: Sie, liebes Fräulein, und Sie, Herr Räuber, und Sie, Herr General ... Das hier ist meine Wohnung, und ich möchte allein sein! Alles, was ihr macht, und alles, was ihr sagt, interessiert mich nicht. Aber ich werde schon eine Methode finden, um euch vor die Tür zu setzen. Jetzt rufe ich die Polizei und zeige euch an wegen Hausfriedensbruchs! Klar? Und ich rufe die Gendarmerie. Und die Stadtwache und auch die Feuerwehr ... Ich möchte doch sehen, wer hier der Herr im Haus ist."

Währenddessen aber hatte die Ansagerin ihre Nachrichten eine nach der anderen vorgelesen, und das Haus, dessen einziger Bewohner Doktor Verucci war und wo er daher erwarten konnte, allein und ungestört zu bleiben, dieses Haus füllte sich mit Leuten aller Art, mit Massen von Hungernden, marschierenden Armeen, Politikern auf der Rednertribüne, mit Autofahrern, die von Unwettern aufgehalten waren, mit trainierenden Sportlern, streikenden Arbeitern, mit Bombenflugzeugen vor dem Einsatz ... Stimmen, Rufe, Gesänge, Beschimpfungen in allen Sprachen mischten sich mit dem Lärm, mit den Explosionen und mit dem allgemeinen Getöse.

„Genug", schrie Doktor Verucci. „Das ist Hausfriedensbruch! Genug! Schluß!"

SCHLUSS I

Plötzlich hörte man das Signal einer Trompete.

„Wer ist da?"

„Die Hüter der Ordnung!" Gott sei Dank. Es war die Gendarmerie. Ein von den Explosionen alarmierter Nachbar hatte sie gerufen.

„Stehenbleiben! Hände hoch! Papiere!"

„Danke", seufzte Doktor Verucci und fiel erschöpft auf sein Sofa. „Danke vielmals! Führen Sie alle ab. Ich will niemanden sehen. Alle hier sind verdächtig."

„Auch die Dame?"

„Ja, sie auch. Sie hatte keinerlei Recht, in meinem Haus einen solchen Wirbel zu veranstalten."

„In Ordnung, Doktor Verucci", sagte der Kommandant der Gedarmerie. „Sie haben ein Recht auf Ihr Privatleben. Ich werde alle einsperren. Wollen Sie auch noch, daß ich Ihnen einen Kaffee mache?"

„Danke, den mache ich mir selbst. Aber koffeinfrei. Sonst kann ich nicht einschlafen."

SCHLUSS II

Plötzlich hörte Doktor Verucci auf zu protestieren. Er hatte eine Idee. Und was für eine Idee! Eine von diesen Ideen, wie sie in Sprechblasen aus den Köpfen von Mickymaus oder Supermann schießen.

Ganz sachte näherte sich Doktor Verucci dem Fernsehapparat. Dabei lächelte er den zahlreichen Anwesenden zu, die ihn neugierig beobachteten. Mit einem letzten Lächeln überzeugte er sich, daß keiner von ihnen imstande war, sein Vorhaben zu durchkreuzen. Mit einer raschen und präzisen Bewegung — tak — drehte er den Fernsehapparat einfach ab.

Die erste, die verschwand, zusammen mit dem letzten Flimmern der Bildscheibe, war die Ansagerin. Und mit ihr verschwanden einer nach dem andern, Banditen und Generäle, Sänger und Athleten, Armeen und Völker. Einfach, nicht? Es genügt, den Fernsehapparat abzustellen, und die Welt ist gezwungen zu verschwinden, außerhalb der Fenster zu bleiben, und dich allein und in Ruhe zu lassen ...

Doktor Verucci blieb Herr der Lage. Er lächelte und zündete sich eine Zigarette an.

SCHLUSS III

Plötzlich begann Doktor Verucci zu brüllen. Er brüllte wie ein Irrer. Hatte er verstanden? Er hatte verstanden.

Was?

Daß es nicht genügt, die Tür seines Hauses zu schließen, um die Welt, die Menschen, ihre Schmerzen und ihre Probleme auszusperren.

Daß niemand die Freuden des Lebens wirklich genießen kann, wenn er weiß — und es genügt ein Fernsehapparat, um das zu erfahren —, daß da jemand ist, der weint, leidet, stirbt, nah oder fern, aber immer auf dieser Erde, unser aller gemeinsamen Heimat.

Die grosse Karotte

Das ist die Geschichte von der größten Karotte der Welt. Diese Geschichte wurde schon auf viele Arten erzählt, aber für mich haben sich die Dinge so abgespielt:

Es war einmal ein Gärtner, der Karotten pflanzte. Er zog sie auf, wie sich das gehört, und tat alles, was man tun muß, damit sie gut gedeihen. Und als die richtige Jahreszeit dafür gekommen war, ging er in den Gemüsegarten und begann, die Karotten aus der Erde zu ziehen. Da stieß er auf eine Karotte, die größer war als alle anderen. Er zog und zog, aber sie kam nicht heraus. Er versuchte es auf alle möglichen Arten. Was war da los? Schließlich rief er seine Frau:

„Josefine!“

„Was gibt es, Ottokar?“

„Komm her, da ist eine derart hartnäckige Karotte, die will einfach nicht aus der Erde. Schau dir das an!“

„Scheint wirklich groß“, sagte seine Frau.

„Hör zu, ich hab eine Idee: Ich pack die Karotte an ihren Blättern und zieh daran, und du packst meine Jacke und ziehst auch. Verstanden? Mach schon, pack an! Los! So, wenn wir jetzt gleichzeitig ziehen . . .“

„Es wäre besser, ich zieh an deinem Arm, die Jacke kann zerreißen“, sagte Frau Josefine.

„Gut, zieh am Arm. Aber fest! — Na? Was ist denn? Geh, ruf den Jungen. Ich krieg schon keine Luft mehr!“

„Romeo! Romeo!“ rief die Gärtnersfrau.

„Was gibt es, Mama?“

„Komm her, aber beeil dich . . .“

„Ich muß Schularbeiten machen!“ rief Romeo.

„Du wirst sie später machen, jetzt komm und hilf. Da ist eine Karotte, die will nicht heraus. Ich zieh an einem Arm von Papa, du ziehst am anderen Arm, Papa zieht an der Karotte, und dann werden wir sehen . . .“

Der Gärtner spuckte in die Hände.

„Seid ihr soweit? Fertig, los! Ziehen! Horuck, hooo-ruck! Na, was ist denn los? Sie rührt sich nicht . . .“

„Das muß die größte Karotte auf der ganzen Welt sein“, meinte Josefine.

„Soll ich den Opa rufen?“ schlug Romeo vor.

„Das ist eine gute Idee! Ruf ihn, geh . . .“, sagte der Gärtner, „ich krieg ja keine Luft mehr!“

„Opa! Opa! Komm her, aber beeil dich!“ rief Romeo.

„Ich komm ja schon, so schnell ich eben kann. Als ich so alt war wie du, habe ich auch laufen können, aber jetzt! Was ist denn los?“

Der Großvater keuchte schon vor Anstrengung, bevor er sich noch an die Arbeit machte.

„Das ist die größte Karotte der Welt“, erklärte ihm Romeo, „zu dritt können wir sie nicht herausziehen, willst du uns helfen?“

„So gut ich kann. Aber wie wollen wir das machen?“

„Wir werden es so machen“, antwortete Romeo, „du nimmst mich bei einem Arm und ziehst fest daran, ich zieh an einem Arm von Papa, und Mama zieht an seinem anderen Arm, und Papa zieht die Karotte aus der Erde. Wenn sie dann nicht herauskommt . . .“

„In Ordnung“, sagte Opa „wartet einen Moment!“

„Warum?"

„Ich lege meine Pfeife auf diesen Stein. So. Man kann nicht zwei Sachen auf einmal machen. Entweder rauchen oder arbeiten, stimmt's?"

„So, jetzt liegt die Pfeife da, und wir können anfangen", sagte der Gärtner. „Seid ihr alle bereit? Fertig, los! Kräftig ziehen! Horuck, hoooruck! Ziehen!"

„Au weh . . . Hilfe!"

„Was ist los, Opa?"

„Seht ihr denn nicht, daß ich hingefallen bin? Ich bin ausgerutscht! Ich bin ausgerutscht und habe mich dabei auf die Pfeife gesetzt!"

Der Alte hatte sich den Hosenboden verbrannt.

„So kommen wir nicht weiter", bemerkte der Gärtner. „Romeo mach einen Sprung zum Nachbarn Andrea und bitte ihn, daß er uns helfen kommt."

Romeo überlegte und sagte: „Soll ich ihn nicht bitten, auch seine Frau und seinen Sohn mitzubringen?"

„Das ist eine gute Idee!" antwortete der Vater. „So eine Karotte! Das wäre was für die Zeitung."

„Und das Fernsehen! Sollen wir nicht auch die Fernsehleute holen?" fragte Josefine. Aber ihr Vorschlag kam schlecht an.

Der Gärtner brummte: „Das Fernsehen? Zuerst holen wir einmal Leute, die uns helfen!"

Machen wir es also kurz: es kam der Nachbar Andrea. Es kam seine Frau, und es kam auch der Sohn. Er war fünf Jahre alt, und sehr viel Kraft konnte er in seinen Armen kaum haben . . .

Inzwischen hatte sich das Gerücht bereits im Dorf verbreitet. Viele Leute kamen, schwätzten und lachten und standen auf der Straße zum Gemüsegarten herum.

„Na, so was von einer Karotte", sagte der eine, „darunter muß sicher ein Wal sein."

„Aber Wale sind doch im Meer!"

„Nicht alle, ich habe einmal einen auf dem Jahrmarkt gesehen!"

„Und ich habe einen in einem Buch gesehen!"

Die Neugierigen zogen sich gegenseitig auf.

„Pack du auch zu, Hieronymus! Du bist stark!"

„Ich mag aber keine Karotten, mir sind Kartoffeln lieber", sagte Hieronymus!

„Und mir sind Omeletten am liebsten", schrie ein anderer. Sie schwätzten und zogen, bis zum Abend.

SCHLUSS I

Die Karotte wollte nicht heraus.

Das ganze Dorf half mit. Aber es nützte nichts.

Es kamen Leute aus den benachbarten Dörfern. Es war zwecklos.

Es kamen Leute aus weit entfernten Dörfern. Aber noch immer stand man dort, wo man begonnen hatte.

Schließlich entdeckte man, daß die Riesenkarotte den ganzen Erdball durchdrang und daß es auf der anderen Seite einen anderen Gärtner gab und eine andre Menge Leute, die auch alle daran zogen. Es war ein großes Tauziehen, das nie zu Ende gehen wird.

SCHLUSS II

Man zog und zog, endlich kam irgend etwas hervor, aber es war keine Karotte, sondern ein Kürbis. Im Kürbis saßen auf einem Schemel sieben schuhflickende Zwerge und klopften Sohlen.

„Was sind denn das für Manieren?“ protestierten die Zwerge. „Ihr habt kein Recht, uns unser Haus und unsere Werkstatt wegzunehmen. Steckt uns wieder in die Erde.“ Die Leute erschraken und liefen davon.

Alle liefen davon, nur der Großvater blieb und fragte die Zwerge: „Habt ihr vielleicht ein Zündholz? Meine Pfeife ist ausgegangen.“

Und so schlossen der Großvater und die Zwerge Freundschaft. „Fast hätte ich Lust, zu euch zu kommen und auch im Kürbis zu wohnen. Habt ihr noch Platz für mich?“ fragte der Großvater.

Da schrie Romeo von weitem: „Wenn du gehst, möchte ich mitgehen!“

Und Mutter Josefine schrie: „Romeo, wenn du gehst, geh ich natürlich auch!“

Und der Gärtner schrie: „Josefine, wenn du gehst, geh ich mit dir!“

Da wurden die Zwerge zornig und verschwanden mitsamt ihrem Kürbis unter der Erde.

SCHLUSS III

Alle zogen und zogen ... in der Einigkeit liegt die Stärke: die Karotte kam heraus, Stück für Stück, Zentimeter um Zentimeter. Sie war so groß, daß man siebenundzwanzig Lastwagen und ein Dreirad benötigte, um sie auf den Markt zu transportieren.

Wenn die Menschen in Liebe und Eintracht zusammenarbeiten, wird das Unmögliche möglich.

Ein Kater auf Reisen

Einmal stieg in den Zug, der von Rom nach Bologna fährt, ein Kater ein. Katzen im Zug sieht man nicht alle Tage, höchstens in einem Körbchen oder in einer Schachtel mit Löchern zum Atmen. Manchmal gibt es auch streunende Katzen in den Zügen. Sie gehören niemandem, und jagen, wenn es sich gerade trifft, in einem verlassenen Waggon nach Mäusen. Aber der Kater, von dem wir hier sprechen, war ein reisender Kater, der auf eigene Rechnung fuhr.

Er trug eine schwarze Aktentasche unter dem Arm wie ein Rechtsanwalt, war aber kein Rechtsanwalt, sondern ein Kater. Er hatte Augen wie ein kurzsichtiger Buchhalter, war aber kein Buchhalter und konnte ausgezeichnet sehen. Er hatte einen Anzug an und trug einen Hut wie ein eleganter Herr, war aber ein Kater. Er trat in ein Abteil erster Klasse, besetzte einen freien Platz nahe dem Fenster und machte es sich bequem. Im Abteil waren bereits drei Personen: eine Dame, die auf Besuch zu ihrer Schwester nach Arezzo fuhr, ein Kommerzialrat, der geschäftlich nach Bologna fuhr, und ein junger Mann, der irgendwohin fuhr. Das Eintreten des Katers führte zu einigen Bemerkungen.

Die Dame sagte: „Was für eine schöne Katze! Miez, Miez — hat man dich vergessen, daß du ganz allein fährst?“

Der Kommerzialrat sagte: „Hoffentlich hat er keine Flöhe."

„Aber sehen Sie denn nicht, wie sauber er ist?" empörte sich die Dame.

„Hoffentlich!" sagte der Kommerzialrat. „Wissen Sie, Verehrteste, ich bin gegen Katzen empfindlich. Hoffentlich bekomme ich keinen Schnupfen."

„Aber er hat doch keinen Schnupfen, wie könnte er Sie dann anstecken?"

„Mich stecken alle an, auch solche, die gar nichts haben, meine Verehrteste."

„Willst du vielleicht für deine Herrin einen Platz besetzen, Mieze?" fragte die Dame.

„Miau!"

„Was für eine süße Stimme. Wenn man nur wüßte, was er gesagt hat!"

Zum erstenmal meldete sich der junge Mann zu Wort: „Er hat gesagt, daß er keine Herrin hat, er ist ein freier und unabhängiger Kater."

„Sehr interessant!"

„Sagen wir also ein streunender Kater", bemerkte der Kommerzialrat argwöhnisch. „Hoffentlich steckt er mich nicht mit Masern an."

„Masern?" rief die Dame, „aber Katzen können doch gar keine Masern haben, das ist doch eine Kinderkrankheit!"

„Meine Teure, als Kind habe ich keine Masern gehabt. Wissen Sie, daß diese Krankheit bei Erwachsenen viel gefährlicher ist?"

Der Zug fuhr ab, und bald darauf kam der Schaffner: „Fahrkarten, bitte!" Die Dame öffnete ihre Hand-

ADLER

tasche: „Oh je, die Fahrkarte, wer weiß, wohin ich die wieder getan habe, warten Sie! Hier müßte ich sie haben . . . ah, hier ist sie."

„Danke, Signora, und wo ist die Fahrkarte für die Katze?"

„Das ist ein Kater, und er gehört nicht mir!"

„Gehört er Ihnen, mein Herr?"

„Das fehlte noch", spottete der Kommerzialrat, „ich kann Katzen nicht leiden, sie erhöhen meinen Blutdruck!"

„Geben Sie acht, der Kater gehört auch mir nicht . . ." sagte der junge Mann, „er ist ein Kater, der auf eigene Rechnung fährt."

„Aber eine Fahrkarte muß er haben."

„Wecken Sie ihn bitte nicht, schauen Sie sich diese süße Schnauze an."

„Schnauze hin, Schnauze her, die Fahrkarte muß er herzeigen."

„Mieze, Mieze", sagte die Dame, „Miezekätzchen, schau wer da ist."

Der Kater öffnete ein Auge nach dem andern und mauzte: „Miau, miau."

„Der protestiert noch!" schimpfte der Kommerzialrat. „Das ist unglaublich! Warum fährt er eigentlich nicht im Schlafwagen?"

„Er hat doch nicht protestiert", erklärte der junge Mann, „er hat gesagt: ‚Ich ersuche um Entschuldigung, ich bin eingeschlummert . . .' "

„Was? Eingeschlummert?"

„So ist es. Er scheint sich sehr gewählt auszudrükken."

„Miau, miau“, machte der Kater wieder.
„Was hat er denn jetzt gesagt?“ fragte die Dame.
„Er hat gesagt: ‚Bitte, hier ist meine Fahrkarte‘ “, übersetzte der junge Mann.

„Kontrollieren Sie ihn ordentlich“, sagte der Kommerzialrat zum Schaffner. „Es gibt Leute, die fahren in der ersten Klasse mit einem Billett der zweiten Klasse.“

„Die Fahrkarte ist in Ordnung“, sagte der Schaffner.

„Miau, miau“, miaute der Kater energisch.

„Er sagt“, erklärte der junge Mann, „daß er sich gegen Ihre Beschuldigungen eigentlich zur Wehr setzen sollte, aber er respektiert Ihre weißen Haare.“

„Weiße Haare? Aber ich habe doch eine Glatze!“

„Miau, miau!“

„Er sagt, daß er das auch bemerkt habe, aber wenn Sie Haare hätten, wären sie weiß.“

Die Dame seufzte: „Großartig, daß Sie die Sprache der Katzen verstehen! Wie machen Sie das?“

„Das ist ganz leicht, es genügt, gut zuzuhören!“

„Miau, miau!“

„Was diese Katze nur zusammenschwätzt“, brummte der Kommerzialrat, „sie ist keine Minute still.“

„Was hat er gesagt?“ fragte die Dame den jungen Mann.

„Er hat gefragt, ob Sie der Rauch stören würde.“

„Aber nein, Miezekatze, nicht einmal im Schlaf ... Oh, sehen Sie sich das an, er bietet mir eine Zigarette an! Wie geschickt er Feuer gibt! Ganz echt! Er scheint ein Gewohnheitsraucher zu sein ...“

„Wer raucht, ist ein Raucher, nicht?“ knurrte der

Kommerzialrat, „Was denn sollte er sein, ein Löwenjäger?"

„Miau, miau!"

„Er hat gesagt", übersetzte der junge Mann, „daß heute ein schöner Tag ist und daß es gestern nicht so schön war. Und er sagte: ‚Hoffentlich ist es morgen so schön wie heute. Fahren die Herrschaften weit? Ich fahre aus familiären Gründen nach Venedig!' "

SCHLUSS I

Es stellte sich heraus, daß dieser junge Mann ein Bauchredner war, ein Zauberer und Magier, alles hatte er allein gemacht.

SCHLUSS II

Es stellte sich heraus, daß die Katze keine echte Katze, sondern eine Roboter-Katze war: ein Luxusspielzeug, das schon im nächsten Jahr zu Weihnachten auf dem Markt sein wird.

SCHLUSS III

Gibt es noch nicht. Es wäre aber doch schön, wenn man eines Tages wirklich mit den Tieren sprechen könnte. Wenn nicht mit allen, so zumindest mit den Katzen.

WELCHER SCHLUSS IST HERRN RODARI SELBST AM LIEBSTEN?

DER ZAUBERTROMMLER

Der erste Schluß gefällt mir gar nicht. Wäre es denn möglich, daß ein lustiger und herzensguter Tambour plötzlich Straßenräuber wird? Der dritte Schluß paßt mir auch nicht, denn ich halte es für eine Ungerechtigkeit, wenn ein Zauber verschwindet, nur weil jemand ein wenig neugierig ist. Wenn zum Beispiel Wissenschaftler nicht neugierig wären, gäbe es überhaupt keine Erfindungen und Entdeckungen mehr. Ich bin für den Schluß Nummer zwei.

DIESE ARMEN GESPENSTER

Der erste Schluß ist einfach unmöglich! Ich glaube nicht, daß es auf der Welt noch so viele Angsthasen gibt. Der zweite Schluß ist für uns zwar lustig, aber nicht für die armen Frösche. Ich bin für den dritten Schluß, schon aus dem Grund, weil dann noch alle Möglichkeiten für eine Fortsetzung der Geschichte offen sind.

EIN HUND, DER NICHT BELLEN KONNTE

Also hier bin ich ganz entschieden für den dritten Schluß, denn es ist sehr wichtig, den richtigen Lehrmeister zu finden, wichtiger als ein Star im Zirkus zu werden oder täglich einen warmen Suppenknochen vorzufinden.

DAS HAUS IN DER WÜSTE

Der erste Schluß ist zum Lachen, aber er ist unwahrscheinlich. Der zweite wäre schön, ist aber auch nicht glaubhaft, denn dieser Herr Puk ist keiner von denen, die sich um das Unglück anderer kümmern. Mir ist der dritte Schluß am liebsten, obwohl er ein bißchen traurig ist.

DER ZAUBERFLÖTENSPIELER

Mir ist der dritte Schluß am liebsten. Muß ich euch erklären warum? Ich glaube kaum.

DOKTOR FÜRCHTERLICH

Aufrichtig gesagt, ich weiß nicht, welchen Schluß ich wählen soll. Mir scheinen alle drei lustig und lehrreich. Euch nicht?

STIMMEN IN DER NACHT

Ich bin für den dritten Schluß, obwohl es den noch gar nicht geben kann. Das ist ein bißchen traurig, aber schließlich können nicht alle Geschichten mit einem Freudenfest enden.

GIRO, DER ZAUBERER

Der erste Schluß ist eine matte Sache, denn die unterentwickelten Länder brauchen keine Zauberer, sondern Hilfe von den reicheren Ländern. Im zweiten Schluß wird aus dem Zauberer ein Egoist. Wird daher gestrichen! Mir paßt der dritte Schluß, weil der Zauberer keine Angst hat, sein Leben von vorne zu beginnen.

RINALDOS ABENTEUER

Der dritte Schluß scheint mir, obwohl er ein Scherz ist, dennoch der logischeste. Der erste ist zu süß, der zweite zu bitter.

DER RING DES HIRTEN

Den ersten Schluß möchte ich streichen, weil ich nicht glaube, daß diese armen Banditen so große Schätze haben. Der zweite Schluß wird denen gefallen, die Sinn für Abenteuer haben. Und den Optimisten wird er auch gefallen. Der dritte ist was für Pessimisten. Ich glaube aber, aus dem zweiten und dritten Schluß ließen sich viele andere Geschichten und Abenteuer zusammenstellen.

TAXIFAHRT ZU DEN STERNEN

Mir persönlich ist der dritte Schluß am liebsten, weil ich Eier besonders gerne esse. Dieser Schluß ist aber nur angedeutet. Wenn ihr wollt, könnt ihr weiterschreiben.

TINOS KRANKHEIT

Der erste Schluß ist ja ganz lustig, der dritte ein bißchen schwach. Ich glaube, der zweite Schluß kommt der Wahrheit am nächsten, denn, wie in der Geschichte gesagt wird: Wer viele Freunde hat, kann nicht unter Einsamkeit leiden.

ABENTEUER MIT DEM FERNSEHGERÄT

Hier gibt es keine Diskussion: der beste Schluß ist der dritte, und warum, ist bereits zur Genüge erklärt.

DIE GROSSE KAROTTE

Der erste Schluß bringt einen zum Lachen. Beim zweiten wird die ganze Geschichte gewissermaßen umgedreht (denn plötzlich wollen alle unter die Erde). Der dritte ist der kürzeste und enthält eine Moral. Ich weiß! Ich weiß, daß jetzt keine Geschichten mit Moral geschrieben werden ... aber dieses eine einzige Mal?

EIN KATER AUF REISEN

Auch hier bin ich für den Schluß, den es noch nicht gibt. Ich bin immer für das Zukünftige.